죽음 인문학 워크북

죽음 인문학 워크북

지은이 | 황명환
초판 발행 | 2019. 10. 23
등록번호 | 제1988-000080호
등록된 곳 | 서울특별시 용산구 서빙고로65길 38
발행처 | 사단법인 두란노서원
영업부 | 2078-3352   FAX | 080-749-3705
출판부 | 2078-3331

책값은 뒤표지에 있습니다.
ISBN 978-89-531-3623-6 03230

독자의 의견을 기다립니다.
tpress@duranno.com   www.duranno.com

죽음
인문학

워크북

황명환 지음

두란노

"낯선 것과의 만남을 통해 새로운 생각이 시작된다."

_마르틴 하이데거

"어느 유능한 화가가 아름다운 젊은이의 모습에 반해서 그 젊은이의 영혼을 담은 초상화를 그리게 되었다. 그 초상화는 신기하게도 주인공의 영혼의 상태를 보여 주었다. 주인공은 나이가 들고 타락해 갔지만 여전히 젊고 아름다웠다. 대신 그의 초상화가 추하게 늙어 갔다. 워낙 뛰어난 그림이라 많은 사람들이 그 초상화를 보고 싶어 했지만, 젊은이는 점점 추하게 변해 가는 초상화를 감추고 보여 주지 않았다. 추하게 변해 버린 초상화의 모습에 괴로워하던 젊은이는 마침내 그림을 칼로 찔렀다. 그 순간, 그의 얼굴에서 빛나는 젊음이 사라지고, 흉측하고 부패한 초상화의 얼굴로 변해 버렸다. 젊은이가 찌른 것은 초상화였으나, 죽은 것은 바로 젊은이 자신이었다. 칼에 찔린 초상화 속의 얼굴은 처음 그려졌을 때처럼 젊고 아름답게 빛나고 있었다."

영국의 탐미주의 작가 오스카 와일드의 《도리안 그레이의 초상》(The Picture of Dorian Gray)의 내용이다. 이 작품 속에는 우리의 기대와 현실이 드라마틱하게 나타나 있다. 언제까지나 젊음과 아름다움을 간직하며 살고 싶은 마음, 일그러진 자기의 실체를 감추고 싶은 마음, 그러나 완전히 감출 수 없는 괴로움, 그러면서도 끝까지 그렇게 살아가는 어리석음!

인생의 끝점에서는 모든 것이 드러난다. 그러나 그때는 이미 늦다. 내 초상화, 그러니까 내 영혼의 상태를 바라보는 용기와 정직이 필요하다. 자기와 직면하는 작업, 죽음에 대한 직면은 두렵고 때로는 혐오스럽지만 반드시 해야 할 작업이다.

이 작업은 얼마나 낯선 일인가? 그러나 낯선 것을 거부하지 않고 그것이 걸어오는 말에 귀를 기울이면 전혀 새로운 세계가 열린다. 죽음도 마찬가지다. 죽음이라는 낯선 세계가 걸어오는 말을 잘 듣고 반응하면 엄청난 변화를 경험할 수 있고 실제로 변할 수 있다.

죽음이란 외면할 수 없는 가장 확실한 현실이다. 하지만 그것에 대해 뭔가 말하려 하면 한없이 모호해진다. '죽음의 실상은 무엇일까?' 이것이 연구의 동기였다. 그러나 죽음을 연구할수록 삶은 죽음으로 끝나는 것이 아니라, 죽음은 오히려 새로운 삶의 시작이라는 것을 모든 종교와 철학은 말하고 있었다.

그런데 죽음에 대한 이해는 각각 내용이 다르다. 주장하는 내용이 다르다는 것은 무슨 의미인가? 하나가 맞다면 다른 것은 틀렸다는 뜻이다. 이것을 구별하지 않고 다 수용하면 안 된다. 죽음에 관한 다양한 의견에 대하여 진지한 자세를 가지고 임해야 하며, 그것을 통해 확실한 지식을 얻어야 한다. 그럴 때 올바른 길로 갈 수 있다. 만약 내가 가지고 있는 인생 지도가 잘못되었다면 빨리 고쳐야 한다. 잘못된 지도를 가지고 있다면 내가 가려는 목적지에 도착하기 어렵기 때문이다. 이런 의미에서 죽음 연구는 가장 중요한 인생 작업이라 할 수 있다.

죽음에 대한 전체적인 흐름과 조망이 필요하다. 숲을 보지 못하고 나무만 보면 안 된다. 숲과 나무를 동시에 보아야 한다. 내가 생각하는 죽음은 어떤 것인지, 그것은 죽음이해에서 어디에 속하는지, 나는 왜 그런 입장을 취하는지, 다른 사람들은 어떤 이유로 나름의 죽음이해를 갖고 있는지, 그 이유를 알면 많은 사람들을 보다 폭넓게 이해할 수 있다.

이런 의미에서 죽음은 모든 철학과 종교의 핵심 가치이며 뿌리라 할 수 있다. 죽음을 어떻게 해석하고 바라보고 해결하는가? 그것이 문화이며, 철학이며, 예술이며, 종교다.《죽음 인문학》을 집중해서 읽으면 이런 복잡한 이슈에 대한 답을 찾는 데 많은 도움이 될 것으로 확신한다.

이 워크북은《죽음 인문학》을 기본 텍스트로 했다. 죽음에 대해 교육을 할 수 있도록 교재를 내 달라는 요청이 많아서 만들게 되었는데, 본책의 핵심 내용을 요약하고 그에 대한 질문도 함께 수록했다. 소그룹으로 모여 질문에 대해 토론하고 의견을 나누면 좋을 것이다. 혼자서도 워크북을 활용할 수 있도록 책의 말미에 '진행을 위한 가이드'를 붙여 놓았다. 삶과 죽음의 문제에 대해 고민하는 많은 분들에게 좋은 가이드가 되어줄 것이다.

'내가 생각하는 죽음'에 자기의 '정답'을 적는 걸 넘어, 인간을 만드신 하나님이 제시하신 '인생'이 무엇인지 찾고 그분의 '해답'을 찾는데 이 책이 작은 도구로 사용될 수 있다면 더 바랄 것이 없겠다.

마지막으로 이 책을 만들기 위해 수고하신 두란노 편집팀과 김상만 목사님, 박미경 목사님께 감사의 마음을 전한다.

2019년 가을

황명환

워크북 진행 가이드

 4단계
구성 원리

마음을 여는 이야기

예화, 뉴스, 유머, 그림, 체크리스트 등 다양한 방법을 통해 주제와 관련된 활동을 하며 구성원들의 마음을 여는 과정입니다.

주제 만나기

각 강의 주제에 대해 공부하는 과정입니다. 몇 가지 관점을 살펴보며 주제를 체계적으로 이해합니다.

성경 속 주제 듣기

성경 본문으로 들어가서 주제에 대한 지식과 지혜를 정리하는 과정입니다. 질문과 활동을 통해 정리와 다짐을 합니다.

정리하며 기도하기

정리하는 글을 통해 다루어진 내용을 되새겨 봅니다. 그리고 주제와 관련된 삶의 기도를 글로 쓴 뒤 입을 통해 고백하며 마무리합니다.

나눔
규칙

아이를 바라보는 엄마의 눈빛으로 상대를 바라보고, 말이 끝나면 "아 그렇군요!"라고 공감해 줍니다.

자신의 생각을 편하고 자유롭게 표현하되, 답하고 싶지 않다거나 나중에 말하고 싶다면 그냥 "패스"(통과)라고 말합니다.

사생활 보호를 위해 모임에서 나눈 이야기는 소그룹 밖으로 새어 나가지 않도록 비밀을 유지해야 합니다.

1강

왜
죽음을 생각해야 할까요?

한 여인 이야기

어떤 아가씨가 한 청년과 연애를 했습니다. 그런데 청년의 가정이 아주 가난해서 두 사람의 결혼은 반대에 부딪혔습니다. 그러나 여자는 '내가 이 사람과 보란 듯이 행복하게 살리라' 결심하고 결혼식을 올렸습니다. 3개월 동안 꿈같은 결혼생활을 했습니다. 그러던 어느 날 남편이 갑자기 교통사고로 죽었습니다. 여자는 믿을 수가 없었습니다. 크게 상심한 여자는 남편의 장례식 때 "내 남편은 죽지 않았어요!" 하고 소리를 질렀습니다. 그리고 그만 눈이 멀고 말았습니다.

주변 사람들은 남편을 잃고 눈까지 멀어 집 밖으로 한 발자국도 나오지 않는 이 여자가 너무 불쌍하게 생각되었습니다. 그들은 '어떻게 도와줄까' 고민하다가 지혜로운 분을 만나 상담하도록 주선해 주었습니다. 약속된 날, 이 지혜로운 사람은 여자를 만나자마자 "아까 길에서 네 남편을 만났는데, 고민이 많은 것 같더라"고 말을 걸었습니다. 그 말을 들은 여자는 통곡하면서 "제 남편은 죽었어요! 어떻게 죽은 사람을 길에서 만날 수 있단 말입니까?"라고 말했습니다. 그 순간 여자는 눈을 뜨게 되었습니다.

1. 위의 이야기는 죽음을 외면하며 살아가는 사람과 죽음을 인정하며 살아가는 사람 사이에 어떤 큰 차이가 있다고 말해줍니까?

----

2. 당신이 죽을병에 걸린 사실을 가족들이 먼저 알게 되었다고 상상해
봅시다. 당신은 가족들이 그 사실을 어떻게 하기를 원하고, 그 이유는
무엇입니까?

죽음을 생각해야 하는 이유

하나,   죽음은 세상에서 가장 보편적인 원리이기 때문입니다.

앞으로 나에게 일어날 가장 중요한 사건은 무엇일까요? 동시에 가
장 확실한 사건은 무엇일까요? 바로 '나의 죽음'입니다. 세계 인구가
70억 명이고, 평균수명을 70세로 생각할 경우 1년에 1억 명이 죽는다
는 결론이 나옵니다. 이는 하루에 27만 명이 죽는다는 이야기입니다.
이렇듯 죽음은 우리가 직면한 현실입니다.

그럼에도 왜 사람들은 죽음에 대해 생각하지 않으려고 할까요? 두
려움을 갖고 있기 때문입니다. 그러나 삶의 상대 개념인 죽음을 알지
못한다면 삶의 참된 모습도 알 수 없습니다.

둘, 죽음에 대한 생각은 지금 나에게 주어진 삶의 가치를 분명하게 느끼게 해줍니다.

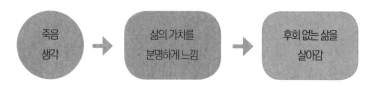

죽음을 의식하면 '오늘'이 달리 보입니다. 오늘이 무한히 지속되는 시간이 아니라 잠깐 부여되는 엄청난 '축복의 시간'으로 느껴집니다. 삶에서 정말 중요한 것을 순수하고 진실된 마음으로 추구하게 됩니다. 모든 가치가 제자리를 찾게 되고, 매사가 아주 다르게 보이지요. 내게 주어진 삶을 참으로 향유하도록 이끌어 줍니다.

셋, 죽음에 대한 생각은 초월을 향한 문을 열어 줍니다.

죽음에 대한 생각은 인생이 짧다는 사실을 자각하게 합니다. 그리고 '죽으면 모든 것이 끝나는 것일까?' '죽음 뒤에 또 무엇이 있을까?' 하는 질문을 하게 합니다. 시공을 초월하는 존재의 근원과 맞닿은 성숙을 향해 나갈 수 있게 함으로써 새로운 의미의 영적인 존재가 되게 합니다. 결국 더 높은 생에 대한 인식과 소망을 추구하게 되는 것입니다.

1. 앞으로 인생에 일어날 일들 중 가장 중요하고 확실한 일은 무엇입니까?

- -

죽음 인문학。워크북

2. 죽음을 의식한다면 지금 내 삶에서 다르게 보고 다르게 생각되는 일
   에 어떤 것이 있나요?

   ----

3. 당신은 죽음 뒤에 무엇이 있다고 생각합니까? 그 생각은 오늘을 어떻
   게 살아가야겠다는 마음을 불러일으킵니까?

성경 속 주제 듣기

죽음을 생각하는 것이 얼마나 중요한지요!

사랑하는 이가 한 줌의 재로 남게 된 경험이 있나요? 우리는 모두
그 자리에 서게 될 것입니다. 그렇기에 겸손히 남은 시간을 인식하며
오늘을 살아가는 것이 진정한 지혜가 아닐까요? 전도서의 지혜자는
이런 말씀을 들려줍니다.

1 좋은 이름이 좋은 기름보다 낫고 죽는 날이 출생하는 날보다 나으며
2 초상집에 가는 것이 잔칫집에 가는 것보다 나으니 모든 사람의 끝이 이와
   같이 됨이라 산 자는 이것을 그의 마음에 둘지어다
3 슬픔이 웃음보다 나음은 얼굴에 근심하는 것이 마음에 유익하기 때문이니라

4 지혜자의 마음은 초상집에 있으되 우매자의 마음은 혼인집에 있느니라

/ 전도서 7:1-4

1. 위의 말씀은 무엇을 선택하는 삶이 지혜로운지를 가르쳐 주고 있습니다. 지혜로운 사람은 두 가지 대조되는 것들 중에 어떤 것을 선택합니까?

	지혜로운 사람	어리석은 사람
1절 상반절		좋은 기름
1절 하반절		출생하는 날
2절		잔칫집
3절		웃음

2. 초상집은 죽음의 진지함이 묻어나는 곳입니다. 당신은 장례식장에서 지혜를 만난 경험이 있습니까?

----

3. 만약 7년 후에 죽음을 맞게 된다면 주어진 7년을 어떻게 보내고 싶나
   요? 죽음을 앞두고서 '죽음을 맞기 전 7년간의 삶' 이력서를 사랑하는
   이들에게 보여주며 이야기를 들려준다고 상상하면서 아래의 이력서
   를 작성해 봅시다.

내 삶의 이력서

'죽음을 맞기 전 7년간의 삶'

7년 전 |

6년 전 |

5년 전 |

4년 전 |

3년 전 |

2년 전 |

1년 전 |

하루 전 |

정리해 봅시다

1. 죽음을 생각하는 것은 가장 중요한 인생 공부입니다. 죽음을 의식할 때 지극히 평범하고 일상적인 하루도 최대로 느껴지며, 최고의 가치를 가졌다는 사실을 깨닫게 됩니다.

2. 죽음에 대한 생각은 우리에게 초월을 향해 살도록 합니다. 눈앞의 물질세계에 시선이 머물지 않고, 죽음 이후의 생에 대한 소망을 품고 오늘을 살게 합니다.

3. 죽음을 생각하며 죽음에 대비할 수 있습니다. 이제 '언제 어디서 태어났으며 어떻게 자랐으며…' 하는 것보다 더 중요한 '앞으로 어떻게 죽을 것인가?'를 대비해야 합니다.

마음과 글로 드리는 기도

인생에서 가장 확실하고 중요한 주제가 '죽음'이라는 것을 살펴보았습니다. "저에게 아름다운 죽음을 주옵소서!"라는 기도를 마음이 담긴 글로 드립니다.

2강

역사적으로 죽음은
어떻게 이해되었을까요?

죽음이해, 사람마다 달라요!

"인생, 뭐 별거 있나요?
신나게 즐기며 사는 게 중요하죠!"

"내가 느끼는 모든 욕구와 욕심은 억제되어야 해!
금욕을 통해 이상을 이룰 수 있어"

"결국 사람은 죽게 되어 있어!
세상에 던져진 나 자신이 너무 두렵고 떨려"

1. 가까운 지인에게 핸드폰으로 "죽음이 어떤 것이라고 생각해?"라는 질문 문자를 발송해 봅시다. 1분 내 도착하는 답장으로 서로 이야기를 나눠 봅시다.

----

2. 죽음은 의식적이든 무의식적이든 우리의 삶을 지배하고 있습니다. 다음 글을 읽고 느낀 소감을 이야기해 봅시다.

> "인간은 죽음을 극복하기 위해 **종교**를 만들었고,
> 죽음을 이해하기 위해 **철학**을 만들었으며,
> 죽음을 승화시키기 위해 **예술**을 만들었고,
> 죽음을 극복한 모델로 **영웅**을 만들었다."

주제 만나기

죽음이해의 역사를 살펴볼까요?

'죽음'이라는 같은 용어를 써도 사용하는 사람에 따라 이해가 다른 것을 볼 수 있습니다. 실로 죽음이해의 층위는 다양합니다. 역사를 통해서도 다양한 죽음이해를 만날 수 있습니다.

하나, 고대의 '신학적인 죽음이해'를 만나 봅시다.

초기 기독교 시대에 어거스틴 St. Augustine은 아담의 범죄 때문에 형벌로 죽음이 주어진 것이라고 생각했습니다. 그는 인간은 육신과 영혼으로 이루어져 있는데, 육신은 인간의 본질적 요소가 아니고 영혼이 중요하다고 보았습니다. 그리고 사람이 죽으면 영혼이 육신에서 분리되어 영원한 생명을 누리거나 영원한 저주를 받는다고 생각했습니다.

어거스틴의 인간과 죽음에 대한 이해는 사람들에게 지대한 영향을 미쳤습니다. 성도들은 육신과 현실세계에 대해 부정적으로 평가하면서 강한 내세지향적인 구원관을 지니게 되었습니다. 이 입장에 서 있는 사람들은 죽음이란 영혼이 구원받고 영원한 생명으로 들어가는 관문이라고 생각했기 때문입니다. 그러므로 죽음은 오히려 영혼의 구원을 위해 기다려야 하는 것이라고 보았습니다.

또한 지상에서의 삶은 죽음을 향해 가는 순례길로 여겨졌습니다. 그렇기 때문에 이러한 죽음이해를 지닌 사람들은 바람직한 삶이란 세속적인 것을 풍부하게 누리는 것이 아니라 영혼이 구원받는 죽음을 준비하는 것이라고 생각했습니다.

둘,   근대에는 '철학적인 죽음이해'가 보다 강하게 나타났습니다.

근대에 이르러 과학의 시대가 열리면서 철학적인 죽음이해가 전면에 등장했습니다. 먼저 영웅적인 태도로 죽음에 저항하는 철학적 시도를 한 사람들이 있었습니다. 쇼펜하우어Arthur Schopenhauer는 인간의 삶이 '죽음을 향해 내려가는 비탈길'이라고 보았습니다. 그렇지만 개인이 죽더라도 의지와 지성이 계속해서 다른 사람들을 통해 살게 된다고 생각했습니다. 인간이 죽음으로 개체성은 상실하지만 종(種)으로서의 인간은 영원히 지속된다고 주장했습니다. 죽음에 대한 이런 입장을 통해 삶과 죽음의 균형을 찾고 죽음을 극복하고자 몸부림쳤습니다.

또한 니체Friedrich Wilhelm Nietzsche는 인간이 죽음과 의식적이고 의지적인 대면을 하고 스스로 초인적인 삶의 목표를 추구하는 창조적 역할을 하며 살아가기 위해 노력해야 한다고 강조했습니다. 이런 추구에 한계를 느낄 때 인간은 자신의 삶을 스스로 종결해야 한다는 이성적인 자살론을 주장했습니다. 나이가 들어 자연사하는 것은 '제때 이루어지지 않은 비겁자의 죽음'이라고까지 말했습니다. 니체는 더 이상 당당하게 살 수 없을 때 당당하게 죽는 것 역시 인간의 권리라고 말하며 죽음에 저항하고자 했습니다.

다음으로 인간의 죽음을 받아들이며 죽음을 극복하고자 했던 철학적 죽음이해를 주장한 사람이 있었습니다. 하이데거Martin Heidegger는 죽음이란 인간 존재의 구조이며 인간 존재의 동반자이자 인간의 현실이라고 보았습니다. 죽음을 향해 살아가게 되어 있는 인간 존재가 죽음을 회피하고 도망갈 때 비본래적 삶에 처하게 된다고 말했습니다. 이런 비본래적 삶은 인간에게 불안을 느끼게 하고, 이 불안은 잘못된 삶으로부터 해방시키는 힘으로 작용하게 됩니다. 그렇게 인간은 불안을 계기로 다시 죽음을 향해 달려가고 죽음을 직면하면서 자신과 세계를 통합적으로 바라보는 눈이 열리며 죽음과 극복하게 된다고 보았습니다.

이처럼 철학적 죽음이해는 죽음 생각에 대한 새로운 시야를 열어주었습니다. 그러나 죽음 이후의 삶은 다루어지지 않고 배제되었습니다.

셋, 현대에는 '심리학적인 죽음이해'가 주요 흐름으로 나타납니다.

현대의 죽음이해는 크게 세 가지 흐름으로 요약할 수 있습니다.

첫째, 자연적 죽음 사상이 강하게 나타나고 있습니다. 오늘날 많은 사람은 죽음을 자연스러운 생물학적 결과라고 생각하며 살아가고 있습니다. 그리고 죽음 이후의 내세에 관심을 두지 않고 현재의 삶만을 의미 있는 것으로 수용하며 살아갑니다. 죽음에 대한 이런 생각 때문에 사람들은 현실 속에 존재하는 다양한 죽음의 세력을 추방하는 것에 관심을 집중하곤 합니다.

둘째, 죽은 자와 교류하는 신비적 관심이 유사심리학이라고 불리며 부흥기를 맞고 있습니다. 이들은 오늘날의 과학사회가 신비주의, 무당, 마술 등의 용어에 편견을 가졌다고 생각하면서 자신들의 초자연적 진리들을 수용하게 하려고 개념들을 새롭게 만들어 소통하고자 시도합니다. 또한 신비주의에서 추구하는 것처럼 전 우주를 체험할 수 있는 방법을 제시하는 초월심리학을 주장하기도 합니다.

마지막으로 근사체험 연구를 근거로 한 뉴에이지의 죽음이해가 주요한 특징으로 나타나고 있습니다. 근사체험 연구는 사망 판정을 받은 사람이 다시 살아나서 의식이 없는 동안 겪었던 체험을 말한 자료들을 과학적으로 연구하고자 한 시도입니다. 근사체험 연구들 중 긍정적인 자료를 취합하여 뉴에이지의 죽음이해가 만들어지기도 했습니다. 그런데 근사체험 연구는 죽음을 경험한 것이 아니라 단지 죽어가는 것을 경험한 거라는 비판을 받기도 합니다.

오늘날 죽음에 대한 연구는 다양한 학문 분야에서 주요 주제로 다루어지고 있습니다. 죽음학 연구와 죽음 교육이야말로 학제간 연구가 필요한 분야라고 할 수 있습니다. 죽음학을 연구하는 존 모건[John Morgan]은 "죽음에 대한 태도가 삶의 태도에 반영된다"고 말합니다. 죽음을 이해하고자 하는 사람들은 삶의 자세가 다를 수밖에 없습니다.

1. 교회가 현실세계를 전부로 여기지 않고 죽음 후의 내세를 보다 충실하게 가르친다면 성도들의 삶에 어떤 변화가 나타날까요? 그리고 이

런 가르침은 요즘 당신의 삶에서 어떤 점을 수정하고 조정할까요?

----

2. 철학과 종교는 죽음과 어떤 관계가 있다고 생각합니까?

----

3. 레이먼드 무디는 근사체험을 했다는 사람들의 이야기를 모아서 《삶 이후의 삶》을 출간하기도 했습니다. 당신은 근사체험에 대해 어떻게 생각하나요?

성경 속 주제 듣기

기독교적 죽음이해를 바르게 회복해야 해요!

고대로부터 근대를 지나 현대에 이르기까지 사람들은 죽음 문제를 이해하기 위해 씨름해 왔습니다. 오늘날에는 실로 다양한 배경과 주장을 지닌 죽음에 대한 접근이 혼재해 있습니다. 이런 시대에 예수님은 어떤 죽음이해를 들려주고 계실까요?

인자가 온 것은 섬김을 받으려 함이 아니라 도리어 섬기려 하고 자기 목숨을 많은 사람의 대속물로 주려 함이니라

/ 마태복음 20:28

1. 위의 말씀은 예수님이 이 세상에 오신 목적을 무엇이라고 합니까?

----

2. 예수님이 보여주신 죽음과 부활이 중요한 것은 우리에게 약속이기 때문입니다. 당신은 이 약속에 어떤 의미로 연결되어 있습니까?

----

3. 예수님은 자신의 죽음을 알고 계셨으며, 의식하고 계셨고, 때로는 두려워하기도 하셨습니다. 그러나 죽음에 대해 필요 이상으로 두려워하지 않았고 신비화하지도 않으셨습니다. 의연하게 죽음을 맞이하셨고 "다 이루었다"고 말씀하셨으며, 부활하셨습니다. 예수님이 가신 길을 따라가는 당신은 죽음을 맞이할 때 "나는 이 땅에 무엇을 하러 왔다가 가노라"는 말을 남기고 싶습니까?

정리해 봅시다

1. 역사적으로 사람들은 죽음 문제를 이해하고자 씨름했습니다. 다양한 죽음이해에는 인간과 삶에 대한 태도가 반영되어 있습니다. 죽음의 문제에 직면했을 때 인간은 삶에 대해 진지해질 수 있습니다.

2. 예수 그리스도의 죽음 인식은 죽음이해에 대한 통로가 됩니다. 죽음에 대한 위협과 죽음이론이 난무하는 이 시대에 예수 그리스도의 죽음과 부활 메시지가 선포되어야 합니다. 이 메시지는 혼란과 방황 가운데 있는 사람들에게 어디서 와서 어디로 가고 어떻게 살아가야 하는지를 비추어 주는 등대가 됩니다.

마음과 글로 드리는 기도

예수님은 "인자가 온 것은 … 자기 목숨을 많은 사람의 대속물로 주려 함이니라"(마 20:28)고 말씀하시고, 죽으시고, 부활하셨습니다. 당신은 이 땅에서 어떻게 살다가 죽음과 부활에 참여하기를 원하는지 마음이 담긴 글로 기도문을 작성해 봅시다.

- -

- -

3강

인간은 왜 죽을까요?

에덴동산에서 있었던 일

맨 처음에 하나님이 온 세상을 창조하셨어요. 하나님은 빛과 하늘과 땅과 바다, 그리고 온갖 생물을 창조하신 후에 사람을 만드셨어요. 하나님의 형상대로 빚으시고 코에 생기를 불어넣으시자, 사람이 살아서 움직이게 되었어요. 하나님은 동방에 에덴동산을 만드시고 사람을 그곳에서 살도록 하셨어요.

에덴동산은 참으로 아름다운 곳이었어요. 생명의 근원이 되는 강들이 에덴동산을 적셨어요. 그 강들은 사방으로 온 땅을 두르며 생명을 풍성하게 만들어 주었어요. 공중에는 각종 새가 날아다니고, 들에는 온갖 동물이 평화롭게 노닐고 있었어요. 그뿐 아니라 아름답고 먹음직스러운 열매들을 맺은 좋은 나무들이 동산을 가득 채우고 있었어요.

하나님은 사람에게 말씀하셨어요.

"이곳을 경작하고 지키거라. 동산의 각종 나무 열매를 자유롭게 먹으며 지내거라. 단 한 가지, 동산 중앙에 있는 선악을 알게 하는 나무의 열매만 먹지 말거라. 그 열매를 먹는 날에는 반드시 죽는다."

1. 하나님이 사람에게 허락하신 자유와 한계는 무엇입니까?

----

2. 한 초등학생이 질문했습니다. "사람은 왜 죽는 거예요?" 당신은 이 아이에게 어떤 대답을 해주고 싶습니까?

주제 만나기

인간은 왜 죽을까요?

우리는 여러 가지 모습의 죽음을 보고 들으면서 살아가고 있습니다. 갑작스러운 부모의 교통사고로 어린 아이가 홀로 세상에 남겨진 이야기를 들으면 너무나 안타까운 마음이 듭니다. 그런가 하면 장수한 노인의 죽음에 대해선 천수를 누린 호상이라며 비교적 자연스럽게 죽음을 받아들이기도 합니다. 죽음의 소식 앞에서 사람들은 종종 질문을 하곤 합니다.

"인간은 왜 죽는 것일까요?"

하나. 무교와 유교가 말하는 '인간이 죽는 이유'

무신론자들에게 죽음은 '인간이란 기계가 작동을 멈추는 것'입니다. 컴퓨터가 고장이 나서 못 쓰게 되는 것과 다를 바가 없습니다. 기계는 언젠가 망가지게 되어 있으므로 죽음은 당연한 것입니다.

무교(巫教)에서는 인간이 삼신(三神)의 점지에 의해 태어난다고 생각합니다. 삼신의 기능과 역할에 대해서 첫째 신은 살을 주어 아기를 배

게 해주고, 둘째 신은 뼈를 주어 아기를 낳게 해주고, 셋째 신은 혼을
주어 아기를 크게 해준다고 합니다. 이렇게 해서 태어난 인간은 저승
의 수명부에 기록된 수명만큼 정확하게 살다가 죽는다고 합니다. 그
러므로 무교에서는 인간은 주어진 수명을 인간의 뜻대로 연장하거나
줄일 수 없다고 생각합니다. 신이 내려준 천수(天壽)대로 잘살다가 가
면 된다는 것입니다.

유교에서는 인간의 육체가 음양오행(陰陽五行)에 의하여 만들어졌다
고 생각합니다. 인간의 본질이 하늘과 연결되어 있다고 생각하기 때
문에 인간은 하늘의 이치와 하나가 되는 방향으로 살아가야 한다고
합니다. 그리고 사람이 태어나는 것도 죽는 것도 하늘의 뜻이기에 죽
음을 자연스럽게 받아들여야 한다고 여겼습니다.

둘, 힌두교와 불교가 말하는 '인간이 죽는 이유'

힌두교는 인간이 조대신, 미세신, 원인신의 구조로 이루어져 있다
고 가르칩니다. 조대신은 부모에게 물려받은 오관으로 지각되는 몸입
니다. 미세신은 오관으로 인식되지 않는 미세한 물질적 요소로 이루
어진 몸입니다. 이는 그 자체로 의식이 없으나 아트만의 빛을 반사하
여 개체의식을 갖게 하고 윤회의 매체가 되는 몸입니다. 원인신은 조
대신과 미세신의 근원으로써 현상계를 생성시키는 원초적인 몸입니
다. 죽음은 노환, 질병, 사고 등으로 육신이 더 이상 미세신의 활동을
담보할 수 없을 때 미세신이 육신으로부터 벗어나는 현상입니다. 이
들은 임종 시 호흡이 곤란해지는 것은 마치 짐을 가득 실은 수레가 삐
걱거리듯이 육신 속의 미세신이 육신을 떠나기 위해 움직이는 것이라

고 말합니다. 육신을 떠난 미세신은 과거의 선악 행위와 욕망에 따라 새로운 몸이 결정된다고 합니다. 이렇듯 인간은 자신이 행한 행위의 결과에 따라 삶과 죽음 사이를 끝없이 떠도는 윤회 안에 있습니다. 이들은 죽음이 다음 생으로 이동하는 것이며, 얼마나 많은 과정을 지나야 하는지 모르지만 죽음이 불사(不死)로 가는 해탈의 기회일 수 있다고 생각합니다.

불교에서는 인간이 오온(五蘊)의 복합체로 존재한다고 말합니다. 여기서 오온은 기본 구성물질인 '색온'(色蘊, 루파), 시각·청각·후각·촉각·미각과 내적 지각 등 여섯 가지 감각기관을 가리키는 '수온'(受蘊, 베다나), 외부로부터의 자극을 받아들여 그것을 감각으로 조직하는 수단인 지각 능력으로서의 '상온'(想蘊, 산냐), 정신 상태를 구성하는 '행온'(行蘊, 삼카라), 내용을 담지 않은 중립적인 감각 및 지속적인 의식을 가리키는 '식온'(識蘊, 빈냐나)을 가리키는 것입니다. 오온이 해체되면 인간은 죽게 되는데, 오온이 해체되어 육체와 정신이 없어져도 업은 없어지지 않는다고 생각했습니다. 업으로 오온이 해체되었다가 다시 모여서 윤회하는 생을 얻는다고 보기 때문에 죽음이란 기나긴 연결 상태 중 스쳐 지나가는 하나의 순간적인 사건일 뿐이라고 생각했습니다. 그래서 생즉사 사즉생(生卽死 死卽生), 즉 마음의 깨달음을 얻으면 생과 사가 다르지 않다고 말합니다.

셋, 기독교가 고백하는 '인간이 죽는 이유'

기독교에서는 인간이 어떻게 생명을 얻어 살아가게 되었는지 이야기하고 있습니다. 창세기 1장과 2장을 보면 인간은 하나님이 흙으로 지으시고 생기를 그 코에 불어넣으셔서 살아있는 생명체가 되었다고 말씀합니다. 그리고 인간은 하나님의 형상대로 창조되었다는 것을 밝히고 있습니다. 이처럼 사람이 만들어지고 존재하게 된 이야기를 통해 사람은 하나님과의 관계 안에서 소통하며 살아가고, 하나님의 형상을 닮은 모습대로 살아가야 하는 존재임을 알려 줍니다. 그리고 하나님은 사람에게 세상의 모든 생명체를 관리하고 다스리는 임무를 부여하셨습니다.

그런데 인간은 왜 현실적으로 하나님과 교통하며 충만하게 살아가지 못하는 것일까요? 창세기 3장에서는 선악과 사건을 통해 인간이 죄를 지었기 때문이라고 말씀합니다. 이 선악과 이야기는 사람이 자신을 창조하신 하나님을 하나님으로 인정하고 그분과 교제하며 살아가야 하는데, 유일하게 금지하신 선악과를 따 먹는 범죄를 통해 하나님과 같아지고자 했던 죄악을 극명하게 드러내 보여줍니다.

인간의 범죄 사건에서 볼 수 있듯 인간이 지은 죄의 근본 원인은 교만에 있습니다. 교만은 인간 자신이 피조물이라는 사실을 잊어버리고 하나님과 동등하게 되려고 시도하는 것을 말합니다. 루터는 성경에서 말하는 죄에 대해 이렇게 말했습니다. "성서에서 말하는 죄는 단지 육체의 외적 행위들을 의미할 뿐 아니라 그런 행위들을 하도록 충동질하는 모든 것을 가리킨다." 즉 인간의 마음속 깊은 곳에 자리하고 있는 불신앙이 죄이고, 이 불신앙의 근본 원인은 교만에 있다는 것입니다.

일반적으로 자연적 인간은 자신이 죄인임을 받아들이고 싶어하지 않는 경향이 있습니다. 그래서 '죄'라는 말보다 '실수'라는 말을 좋아합니다. 그러나 기독교에서는 인간이 죄인이라고 강조하고 있는데, 이

것은 죄 때문에 신음하고 죽음에 이르는 인간의 실체를 바르게 알고 문제를 해결해 나가고자 하기 위함입니다.

1. 당신은 인간이 죽는 이유를 무교의 입장에서 표현하는 드라마나 영화를 본 적이 있습니까? 어떤 장면이 그랬습니까?

----

2. 힌두교와 불교에서는 죽음을 통해 윤회할 것인지, 해탈할 것인지가 무엇에 따라 결정된다고 말합니까?

----

3. 기독교가 고백하는 인간이 죽는 이유를 간략하게 말해 봅시다.

성경 속 주제 듣기

인간을 죽음에서 구원하고 해방시키는 길이 있어요!

죄로 인해 죽음에 이르는 인간 실존을 있는 그대로 대면하게 하는 기독교적 죽음이해는 우리에게 불편함을 가득 안겨줍니다. 그런데 인간 실존을 그대로 만나면 그 자리에서 죽음을 넘어서게 하는 메시지를 들을 수 있습니다. 성경은 우리에게 다음과 같이 말씀합니다.

15 또 죽기를 무서워하므로 한평생 매여 종노릇 하는 모든 자들을 놓아주려 하심이니

18 그가 시험을 받아 고난을 당하셨은즉 시험받는 자들을 능히 도우실 수 있느니라

/ 히브리서 2:15, 18

1. 위의 말씀에서 인간 실존은 어떠하며, 하나님의 뜻은 어디에 있습니까? (15절)

----

2. 죄로 인해 신음하며 죽음에 이르게 될 인간을 구원하고 해방시키는 길은 무엇입니까? (18절)

----

3. 아래 이정표를 보면서 '죄로 향하는 길'과 '하나님께로 향하는 길'에 해
당되는 삶의 목록을 적어 봅시다. 구체적으로 쓰면서 자신이 처한 현
실과 대면해 봅시다.

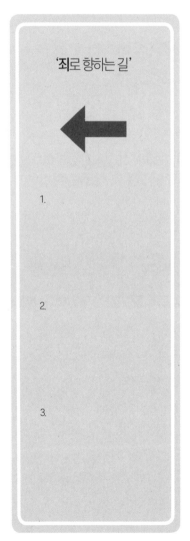

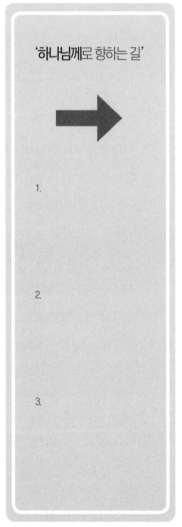

죽음 인문학. 워크북

정리해 봅시다

1. 여러 종교에서 죽음이란 무엇인지, 인간이 왜 죽는지를 말하고 있습니다. 인간의 죽음을 설명하는 이야기에는 그 종교의 인간과 세계에 대한 관점과 가치가 드러납니다. 그리고 그것은 그 종교를 따르는 사람들의 삶과 죽음에 영향을 미칩니다.

2. 기독교에서는 인간이 죄로 인해 죽음에 이른다고 분명하게 밝히고 있는데, 죄의 근본 원인으로 교만을 지목하고 있습니다. 이처럼 죄에 매여 벗어나지 못하는 인간 실존을 향해 예수 그리스도의 십자가는 구원과 해방의 길을 열어 주었습니다.

마음과 글로 드리는 기도

하나님의 형상대로 창조된 인간은 죄로 인해 신음하다가 죽음에 이르게 됩니다. 그 죄의 근본 원인이 마음속 깊은 곳에서부터 나오는 교만에 있음을 보았습니다. 우리를 신음하게 하고 하나님으로부터 멀어지게 하는 죄와 그 죄의 깊은 곳에 자리하고 있는 교만에 대해 회개하는 기도를 글로 써 봅시다.

4강

인간은 왜 죽음을 극복하려고
몸부림칠까요?

어떻게 하면 죽음을 피할 수 있을까?

아주 오랜 옛날 길가메시라는 왕이 살았어요. 길가메시는 아주 거만했고, 세상 어느 누구도 자기를 막을 수 없다고 생각했어요. 어느 날 길가메시는 친구와 함께 삼나무 숲을 지키는 거인을 쓰러뜨리기 위해 길을 떠났어요. 그런데 친구가 무서운 병에 걸려 죽고 말았어요. 친구의 죽음을 지켜보던 길가메시는 언젠가 자신도 죽을 수 있다는 사실을 처음으로 깨닫고 절망했어요.

'어떻게 하면 죽음을 피할 수 있을까?'

길가메시는 이 답을 찾아 온 세상을 헤매기 시작했어요. 그러다가 한 현인을 찾아갔는데, 아주 중요한 비밀 한 가지를 듣게 되었어요.

"바다 밑바닥까지 잠수해 들어가면 영원히 살 수 있게 해주는 식물이 있으니 그것을 가져와라."

길가메시는 바닷속으로 들어가서 눈부시게 아름다운 식물을 찾았어요. 하지만 그 식물을 뱀에게 도둑맞고 말았어요.

육지로 돌아온 길가메시는 고향으로 돌아갔어요. 영원히 살기 위해선 간접적인 방법을 쓰는 수밖에 없다고 생각한 그는 자신의 모험담을 담은 이야기를 짓게 했어요. 그리고 자신의 삶과 업적을 기리는 멋진 기념비들을 건축했어요. 이런 방법으로 후세까지 많은 사람이 자신을 기억하고 자신의 이야기가 전해지게 했답니다.

1. 길가메시가 영원히 살기 위해 사용한 방법은 무엇입니까?

_____

_____

2. 당신이 생을 마치고 죽게 되었을 때 장례식에 온 사람들이 어떤 말을 했으면 좋겠습니까?

_____

_____

주제 만나기

죽음을 극복하려는 인간의 시도

인간이 살아온 길에는 죽음을 극복하려는 다양한 노력이 고스란히 담겨 있습니다. 특히 종교는 인간에게 죽음을 극복하기 위한 주요한 통로가 되어 왔습니다.

하나, 불로장생을 꿈꾸었던 도교

민간종교인 도교의 핵심 교리는 불로장생(不老長生)입니다. 육체적 생명을 최대한 연장하고 죽음을 맛보지 않는 육체적 불멸을 최고 가치로 여긴 것입니다. 그래서 도교에서는 불로장생하는 신선이 되는 것을 이상으로 제시했습니다. 신선은 재물, 권력, 명예 등 세속적 가치를 초월한 채 산수간(山水間)을 자유롭게 오가며 자연을 벗삼아 살아갈

42   죽음 인문학, 워크북

수 있는 존재라고 설명하고 있습니다. 도교는 죽음을 초월하는 것이 현실적으로 가능하다는 것을 믿게 하려고 수많은 신화를 만들어 사람들에게 신선이 되는 길을 걷도록 고무하고 격려했습니다. 그리고 병에 걸리지 않고 건강관리를 잘하여 오래 살게 하는 방술을 사람들이 배워 신선의 길을 가게 하고자 했습니다.

둘, 효를 통해 생명을 이어가고자 했던 유교

유교에서는 제사를 통해 주기적으로 후손들에게 기억되고자 합니다. 이 방법을 통해 영원히 존재하고 싶은 인간의 욕구를 충족시키려고 합니다. 비록 자신은 죽어 소멸되지만 자신의 분신인 후손을 남겨 놓아 그들을 통해 간접적으로 영생할 수 있다고 생각했습니다. 그래서 유교 전통에서는 후손을 통해 대를 잇는 것이 생명이냐, 소멸이냐를 결정하는 중요한 문제라고 여겼습니다.

유교에서 중시하는 효는 죽음과 연관된 '종교적인 효'입니다. 이 효를 통해 인간은 생명을 이어갈 수 있습니다. 자신이 죽음으로써 모습은 바뀌지만 자신의 정신과 육체가 제사를 통해 이 세상에서 영원히 존재할 수 있다고 본 것입니다.

셋, 해탈을 통해 죽음에서 해방되고자 했던 불교

불교에서는 인간에게 있어 고통의 근원은 자아의 개념에 대한 집착 때문이라고 말합니다. 이들은 '내가 존재한다'는 생각도 헛되며 '내가 존재하지 않는다'는 생각도 헛된 것이라고 합니다. 그리고 '내가 존재하게 될 것이다'라는 생각도 헛된 것입니다. 이런 헛된 생각들이 고통을 만들어내는 원인이 되므로 무상(無常)을 깨닫는 지혜를 얻는 것이 고통을 소멸시키는 중요한 방법이라고 말합니다. 이 지혜를 통해 인간은 더 이상 욕망하지 않고 불안에 떨지도 않으며, 태어나지도 죽지도 않는다고 말합니다. 그것으로 인해 고통이 소멸되고 윤회를 반복할 수밖에 없는 인간의 운명에서 벗어나 해탈에 이르게 한다는 것입니다.

그래서 불교도들은 덧없는 찰나에 불과한 현생에 집착하지 않고 거대한 흐름을 깨우쳐 해탈에 이르는 방법으로 죽음을 극복해 불멸에 이르고자 합니다. 이 해탈에 이르려는 몸부림은 현실적으로 수많은 좌절을 낳습니다. 실제로 해탈하여 열반에 이르고자 하는 목표가 현실과 동떨어진 어려운 목표이기 때문입니다.

1. 오늘날 사람들은 도교의 시도들처럼 건강을 잘 관리하여 죽음을 극복하고자 많은 노력을 하고 있습니다. 당신이 직간접적으로 경험한 사례를 한두 가지 이야기해 봅시다.

---

2. 효와 제사를 중시하는 유교 문화의 밑바탕에 자리하고 있는 욕구는 무엇입니까?

죽음 인문학。워크북

3. 불교도들의 해탈에 대한 몸부림을 보거나 들은 경험이 있습니까? 왜
그토록 해탈을 향해 씨름한다고 생각합니까?

-------------------------------- ----------------------

죽음을 극복하려는 이유: 하나님의 형상대로 창조된 인간

동서고금을 막론하고 인간은 살아가는 동안 죽음을 극복하기 위해
필사적인 노력을 합니다. 그 이유가 무엇일까요? 성경은 인간의 창조
에서 그 답을 제시하고 있습니다.

> 하나님이 자기 형상 곧 하나님의 형상대로 사람을 창조하시되 남자와 여
> 자를 창조하시고
>
> / 창세기 1:27

1. 사람은 누구를 닮은 모습으로 창조되었습니까?

----

2. 하나님의 형상은 다음 네 가지 요소로 요약할 수 있습니다. 각 요소와
   그 설명에 해당하는 문장을 연결해 봅시다.

   ㉠ 영원지향성　●　　　　　●　ⓐ 신과의 관계를 끊임없이 추구하고
   　　　　　　　　　　　　　　　　신적 존재가 되기를 원한다

   ㉡ 신성지향성　●　　　　　●　ⓑ 죽음 후에도 기억되고
   　　　　　　　　　　　　　　　　영생하기를 갈망한다

   ㉢ 사랑(아가페) 추구　●　　　●　ⓒ 상호인격적인 교제를 원한다

   ㉣ 다스림의 성격　●　　　　●　ⓓ 다스리려 하고 책임질 줄 안다

3. 기독교의 입장에서 볼 때 인간은 피조물이며 죄인이지만 존귀한 신분
   입니다. 그 이유를 시편 8편 4-5절에서 찾을 수 있는데, 이 말씀을 찾
   아서 써 봅시다.

   ----

4. 인간의 존엄성은 하나님으로부터 유래됩니다. 하나님의 형상대로 지음 받은 우리 안의 본성을 실현하기 위해 어떻게 살아가고 싶습니까? 하나님의 형상을 이루는 요소들을 살려 구현하고 싶은 삶의 모습을 그림으로 표현해 봅시다.

정리해 봅시다

1. 죽음을 극복하려는 인간의 몸부림은 종교를 통해 잘 표현되고 있습니다. 도교는 불로장생을 꿈꾸며 신선의 길을 이상으로 삼고 그 길을 가도록 돕는 방술을 제시했습니다. 유교는 후손들을 통한 효와 제사를 통해 계속해서 이 세상에 존재하기를 열망했습니다. 그리고 세계 곳곳에서 전해지는 영웅 이야기, 신화들을 통해서도 죽음을 넘어서고자 했던 시도를 엿볼 수 있습니다.

2. 기독교에서는 인간이 죽음을 극복하려는 이유를 정확하게 말해 줍니다. 그 이유는 인간이 하나님의 형상을 따라 창조되었기 때문입니다. 하나님의 형상인 영원지향성, 신성지향성, 사랑(아가페) 추구, 다스림의 성격이 인간 본성 안에 들어 있기 때문입니다.

마음과 글로 드리는 기도

우리 안에 있는 영원지향성, 신성지향성, 사랑 추구, 다스림의 성향이 삶 속에서 어떻게 드러나고 있는지 살펴봅시다. 그리고 회개할 부분과 바르게 살고자 하는 기원을 담아 글로 써서 기도합시다.

5강

성경은 죽음을
이렇게 말한다!

죽음에 대한 유머

교회학교 선생님이 아이들에게 물었어요.

"만약 집과 자동차를 팔아서 그 돈을 몽땅 교회에 헌금한다면 천국에 가게 될까요?"

아이들은 일제히 "아뇨!" 하고 대답했습니다. 선생님은 다시 질문했습니다.

"만약 매일같이 교회 청소를 한다면 천국에 가게 될까요?"

"아니요!"

아이들이 대답했습니다.

"그럼, 동물들에게 잘해주면 천국에 가게 될까요?"

"아뇨!"

"그렇다면 어떻게 해야 천국에 갈 수 있는 거죠?"

그때 다섯 살 된 녀석이 큰 소리로 대답습니다.

"죽어야죠!"

1. 위의 유머는 천국에 가기 위해서는 죽음을 통과해야 한다는 간단한 진실을 마주하게 합니다. 오늘을 살아가는 우리에게 죽음은 어떤 감정을 느끼게 합니까?

----

2. 만약 죽어서 하나님을 대면하게 된다면 그 광경이 어떠할지 상상해 봅시다.

성경이 말하는 죽음 이야기

성경을 통해 들려주는 기독교의 죽음 이야기는 인간과 삶과 죽음에 대한 여러 가지 미스터리에 대해 답을 비추어 주고 있습니다. 세상에 혼재한 죽음 이야기의 실체를 마주하게 하고 우리 존재의 시작과 끝을 설명합니다. 그러면 성경은 죽음을 어떻게 말씀하고 있을까요?

하나,   죽음은 생물학적 현상 그 이상이며, 하나님의 진노로 말미암아 인간에게 부과된 것입니다.

죽음은 창조주 하나님이 이 땅에 보낸 인간을 오라고 부르시는 것입니다. 그래서 칼 바르트Karl Barth는 "죽음이란 하나님의 소환장이다"라고 말하기도 했습니다. 또한 죽음을 자연적인 사건으로 보고 너무 심각하게 여기지 말라고 충고하기도 합니다. 이런 입장에서 쓰여진 죽음과 관련된 교육 교재도 상당히 많이 존재합니다. 그러나 성경은 죽음의 자리에서 진정으로 무엇이 발생되고 있는지를 보도록 우리의 눈을 열어 줍니다.

성경에 따르면 인간의 죽음은 식물과 동물의 죽음과는 다릅니다. 식물과 동물은 하나님의 진노 때문이 아니라 하나님이 세우신 자연 질서에 따라 마지막에 이릅니다. 그러나 인간은 하나님의 형상대로 창조된 피조물이며 하나님과의 영원한 교제 속에서 살 수 있는 존재입니다. 그런 인간에게 죽음은 자연적 과정일 뿐 아니라 죽음의 자리는 하나님의 진노와 심판을 대면하는 자리입니다. 인간이 죽음에 부딪힐 때 기겁하며 물러서고, 다른 생물이 경험하지 못하는 공포를 체험하게 되는 이유가 여기에 있습니다. 인간의 죽음에서는 죄와 율법이 함께 드러나는 것을 마주해야 합니다. 그래서 죽음의 자리는 하나님의 진노가 시행되는 자리인 것입니다. 세상 사람들은 이 사실을 알지 못하지만 그리스도인들은 하나님의 진노와 인간이 죽을 운명임을 깨달을 수 있습니다.

둘,　　죽음은 끝이 아닙니다. 죽음 후에 하나님과 대면해야 합니다.

죽음이 끝이라고 생각한 사람들이 있었습니다. 고대 철학자인 에피쿠로스Epikuros는 "우리를 가장 소름끼치게 하는 죽음은 우리와 무관하다. 우리가 살아있을 때는 죽음이 존재하지 않고, 죽음이 있을 때는 우리가 존재하지 않기 때문이다"라는 말을 남겼습니다. 이에 동조하던 사람들은 인생의 온갖 즐거움, 쾌락을 탐닉하는 것에 열중했습니다. 심지어 이들은 파티를 할 때 관을 들고 다니면서 "사람이 죽으면 이렇게 되니 오늘을 즐겨라!" 하며 흥을 돋우기도 했습니다. 이런 삶을 추구하는 사람들의 마음 깊은 곳에는 죽음에 대한 두려움이 강하게 자리하고 있습니다. 그래서 죽음을 잊고자 하는 갈망으로 세상의 쾌락에 더욱 열중하게 된 것입니다.

그러나 성경은 죽음이 끝이 아니라 그 후에 하나님과의 대면이 있다고 말씀합니다. "우리가 지금은 거울로 보는 것같이 희미하나 그때에는 얼굴과 얼굴을 대하여 볼 것이요 지금은 내가 부분적으로 아나 그때에는 주께서 나를 아신 것같이 내가 온전히 알리라"(고전 13:12). 기독교의 관점에서 볼 때 우리는 죽음 자체를 두려워할 것이 아니라 죽음 후에 하나님과의 만남을 대비해야 합니다.

셋, 죽음을 두려워할 것이 아니라 천국을 사모해야 합니다.

율법은 인간이 죄로 인해 죽는다고 선포합니다. 그러나 복음은 죽음 한가운데 있는 인간에게 영원한 생명을 준다고 선포합니다. 다시 말하면 율법은 생명을 누리는 인간에게 죽음을 상기시키고, 복음은 죽을 운명에 처한 인간을 생명으로 초대합니다. 이러한 메시지는 예수 그리스도의 십자가에 잘 요약되어 있습니다. 십자가 사건은 '죽음을 죽인 사건'입니다. 십자가 앞에서 죄인 된 자신이 죽을 수밖에 없는 존재임을 깨닫게 되면서 동시에 죽음을 죽이신 예수 그리스도를 믿고 따름으로써 죽음을 통과합니다.

성경은 우리에게 "사망아 너의 승리가 어디 있느냐 사망아 네가 쏘는 것이 어디 있느냐 사망이 쏘는 것은 죄요 죄의 권능은 율법이니라 우리 주 예수 그리스도로 말미암아 우리에게 승리를 주시는 하나님께 감사하노니"(고전 15: 55-57)라고 말씀합니다. 우리는 완전한 순종으로 죽음을 견디고 승리하신 그리스도로 인해 죽음의 자리에서 하나님과의 영원한 교제의 자리로 초청됩니다. 그러므로 그리스도인은 죽음을 두려워할 것이 아니라 오히려 간절히 사모하면서 죽음을 통해 주시는 은혜를 기꺼이 받아들여야 합니다. 그리스도인에게 죽음은 하나님께로 가는, 하나님의 품에 안기는 사건이기 때문입니다.

1. 하나님과의 관계에서 죽음을 생각하는 사람과 그렇지 않은 사람은 삶과 죽음에 대해 어떤 차이를 보여 줍니까? 사례가 있다면 함께 나눠 봅시다.

2. 죽음 후에 하나님과 대면하기 위해 준비해야 할 것이 무엇이라고 생각합니까?

3. 죽음을 두려워하지 않고 오히려 사모하며 맞이하는 그리스도인을 경험한 적이 있습니까?

죽음 인문학。 워크북

죽음 후 하나님과 만날 때

우리는 성경에 근거하여 죽음이 모든 것의 끝이자 소멸이 아니라는 것을 믿습니다. 죽음 후 하나님과의 대면에서 죽음의 자리에 선 내 모습이 어떠하면 좋을까요? 예수님은 십자가에서 죽기 직전 어떤 말씀을 하신 뒤 하나님과의 만남으로 나아가셨을까요?

"아버지 저들을 사하여 주옵소서 자기들이 하는 것을 알지 못함이니이다"

/ 누가복음 23:34

"다 이루었다"

/ 요한복음 19:30

"아버지 내 영혼을 아버지 손에 부탁하나이다" 하고 이 말씀을 하신 후 숨지
시니라"

/ 누가복음 23:46

1. 위의 말씀을 잠시 묵상해 봅시다. 예수님은 죽음을 어떻게 맞이하셨
습니까?

----

2. 자신의 죽음 장면을 상상하며 시나리오를 써 봅시다.

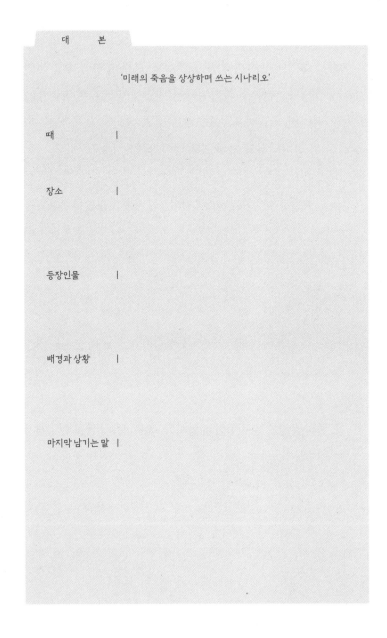

대   본

'미래의 죽음을 상상하며 쓰는 시나리오'

때 |

장소 |

등장인물 |

배경과 상황 |

마지막 남기는 말 |

죽음 인문학。워크북

정리해 봅시다

1. 성경은 죽음이 끝이 아니라 죽음 후 하나님과 내면한다고 말씀합니다. 그러므로 죽음을 생각하면서 하나님과의 만남을 생각해야 합니다.

2. 죽음은 자연스러운 사건이 아니라 하나님의 진노에 의해 인간에게 부과된 것입니다. 인간은 하나님의 형상을 따라 하나님과의 관계 안에서 살아가도록 창조되었지만, 죄로 인해 하나님의 진노와 심판이 시행되었습니다.

3. 그리스도인은 십자가 앞에서 자신의 죄를 깨달으며 죽음에 이르고, 죽음을 죽이신 예수 그리스도를 따라 십자가를 통과하며 죽음에서 생명으로 나아가게 됩니다. 그러므로 그리스도인에게 죽음은 두려움의 자리가 아니라 천국을 사모하는 자리가 됩니다.

마음과 글로 드리는 기도

나에게 생명을 주시고 이 세상에 보내신 하나님, 인생을 살아가도록 시간을 허락하신 하나님, 언젠가 다시 부르실 하나님께 드리고 싶은 기도를 글로 써 봅시다.

6강

죽으면 어떻게 될까요?

오르페우스 이야기

오르페우스는 그리스 신화에 나오는 최고의 시인이자 음악가였어요. 그에게는 어여쁜 아내 에우리디케가 있었어요. 오르페우스는 아내를 깊이 사랑했어요. 그런데 어느 날 에우리디케가 독사에게 물려 죽고 말았어요. 오르페우스는 절망했어요. 아내 없는 삶을 상상할 수 없었던 오르페우스는 죽은 자들이 사는 지하세계로 길을 떠났어요.

위험천만한 지하세계로 내려간 오르페우스는 뛰어난 리라 연주로 여러 난관을 극복하고 저승의 신 하데스를 만났어요. 오르페우스는 하데스에게 아내와 함께 돌아갈 수 있게 해 달라고 간절히 부탁했어요. 하데스가 말했어요.

"네 부탁을 들어주지. 그런데 돌아가는 동안 네가 앞장서고 에우리디케는 네 뒤를 따라가야 한다. 또한 너는 땅 위에 도착할 때까지 절대로 뒤를 돌아보아선 안 된다. 이것을 어기면 네 아내는 다시 저승으로 끌려오고 두 번 다시 땅 위로 돌아갈 수 없다."

"네, 절대로 돌아보지 않겠습니다."

오르페우스는 행복해하며 하데스의 말대로 앞장서서 길을 떠났어요. 그런데 거의 땅 위로 도착했을 때 갑자기 의심이 들었어요.

'혹시 하데스가 거짓말을 했으면 어떡하지? 정말 에우리디케가 잘 따라오고 있을까?'

결국 오르페우스는 의심을 이기지 못하고 뒤를 돌아보고 말았어요! 그 순간 에우리디케는 영원히 어둠 속으로 사라져 버렸습니다.

1. 이 이야기의 메시지가 무엇이라고 생각합니까?

----

2. 사람이 죽으면 그 이후에는 어떻게 될까요? 죽음 이후의 상태에 대해 들었던 이야기를 나누어 봅시다.

주제 만나기

죽음, 그 이후

"죽은 후에 나는 어떻게 될까?" 이 질문은 죽음과 관련해 가장 중요하기도 하고, 가장 알고 싶어 하는 물음이기도 합니다. 죽음, 그 이후에 대해 설명하고 있는 여러 가지 주장을 만나 봅시다.

하나,   무신론자는 사람이 죽으면 완전히 소멸된다고 생각합니다.

신을 믿지 않으면서 이성으로 합리적 추론을 시도하는 사람들은 "죽음 이후 나는 영원히 사라진다"고 말합니다. 죽으면 아무것도 남지 않고 완전 소멸되기 때문에 지금 살고 있는 삶을 의미 있게 사는 것이 중요하다고 합니다. 그리고 진정한 천국은 이 세상을 살 만한 세상으로 만드는 거라고 생각하며 살아갑니다.

한편 유교에서는 사람이 죽으면 정신을 주재하는 혼(魂)과 육체를 지배하는 백(魄)이 분리된다고 생각합니다. 죽고 나면 혼과 백은 이 세상에 있다가 죽은 사람의 기일이 되면 조상 제사를 통해 삶의 세계로 회귀한다고 봅니다. 제사를 지내면 혼과 백이 돌아온다고 생각합니다. 제사를 지낼 때 술은 백을 부르기 위한 것이고 향 피우기는 혼을 부르기 위한 것입니다. 그러므로 유교의 입장에서는 후손이 제사를 지내는 것이 구원이며, 죽음을 앞둔 이에게 큰 위로를 준다고 합니다.

둘,　힌두교와 불교는 죽으면 윤회를 반복한다고 말하고, 뉴에이지운동에서는 죽음 이후 더 나은 환생을 한다고 믿습니다.

힌두교에서는 사람이 죽으면 여러 단계를 거치게 된다고 가르칩니다. 해탈한 사람들은 자유를 얻게 되고 그렇지 못한 사람들은 윤회를 무한 반복하는 상태가 됩니다. 그중 죽음 이후는 죽어가는 사람의 마지막 생각에 의해 결정됩니다. 그러므로 죽어가는 사람이 보여주는 모습을 통해 다음 생의 징후를 볼 수 있다고 합니다.

불교에서도 죽음 이후 인간에게는 해탈에 이르지 않는 한 윤회가 반복된다고 말합니다. 특히 죽어서 다음 생을 받는 기간을 중유(中有)라고 하는데, 중유를 믿기 때문에 불교에서는 사람이 죽으면 7일마다 사자의 복을 기원하고 그 기간이 마감되는 49일째 되는 날에 큰 의식을 치릅니다.

뉴에이지운동에서는 근사체험자들이 보고하는 자료를 바탕으로 죽음 이후의 상태를 매우 긍정적으로 묘사하고 있습니다. 실제로 근사체험 연구에서도 죽음 이후 부정적 경험을 보고하는 사례가 많지만,

이들은 긍정적 체험 중심으로 모아서 죽음 이후의 경험을 아름답게 묘사하고 있습니다. 그리고 죽은 사람은 환생하지만 항상 인간으로 태어나며 과거보다 더 나은 환생을 반복한다고 말합니다.

셋,   기독교에서는 죽음 이후 부활이 있다고 약속합니다.

기독교에서는 죽음 이후에 예수 그리스도 안에서 새로운 삶이 기다리고 있다고 말합니다. 예수님이 친히 부활하셨던 것처럼 그분의 소유가 된 모든 사람에게도 몸의 부활이 약속되어 있습니다. 모든 사람은 죽을 수밖에 없는 운명에 놓여 있는데, 십자가에서 죽으신 예수님이 사흘 만에 부활하셨다는 사실은 사람들에게 죽음 이후의 삶에 대해 소망을 가져다 주는 약속이 됩니다. 죽음 후에 영원한 삶이 있다는 것을 증거하기 때문입니다. 죽음 후의 심판과 부활에 대한 메시지는 살아있는 사람들에게 죽음에 대한 두려움에서 벗어나 가치 있고 충실한 삶을 살도록 격려해 주는 역할을 합니다.

C.S. 루이스는 이렇게 말했습니다. "어두운 헛간에 들어갔을 때 창문을 통해 들어오는 빛을 옆에서 바라보면 빛줄기 속에 날아다니는 먼지를 보게 된다. 그러나 빛이 비치는 곳으로 걸어가서 그 빛줄기 속에서 창문을 보면 빛줄기는 더 이상 보이지 않고, 대신 창문 밖에 있는 나무와 태양의 모습이 보인다." 앞서 언급한 죽음과 죽음 이후에 대한 이야기가 빛을 옆에서 본 것이었다면, 기독교는 예수의 십자가와 부활의 빛 속으로 들어가서 죽음과 죽음이해를 보도록 안내하고 있습니다. 그리스도 안에서 죽은 자들은 하나님 안에서 잠들어 있고 주님이 재림하시는 마지막 날에 부활을 경험하게 될 것입니다.

죽음 인문학。 워크북

1. 제사에 참여해 본 적이 있습니까? 유교에서는 사람의 죽음 이후를 어떻게 생각하기에 제사를 드리는 것일까요?

----

2. 죽음 이후 윤회나 환생이 있다는 이해가 우리 문화에 어느 정도 퍼져 있다고 생각합니까?

----

3. 성도들은 죽음 이후에 부활을 기다리며 잠들어 있습니다. 이 기다림 후에 부활해서 주님을 만나게 된다면 당신은 성도로서 어떤 삶을 살았다고 말하고 싶습니까?

성경 속 주제 듣기

죽음 이후 부활을 소망하며 오늘을 살아가요!

예수님의 처참한 죽음을 목격했던 마리아는 사흘 뒤 예수님의 무덤을 찾아왔습니다. 사랑하는 이의 죽음을 경험하고 무덤 앞에 선 마리아에게 어떤 일이 일어났습니까?

11 마리아는 무덤 밖에 서서 울고 있더니 울면서 구부려 무덤 안을 들여다보니

12 흰 옷 입은 두 천사가 예수의 시체 뉘었던 곳에 하나는 머리 편에, 하나는 발편에 앉았더라

13 천사들이 이르되 여자여 어찌하여 우느냐 이르되 사람들이 내 주님을 옮겨다가 어디 두었는지 내가 알지 못함이니이다

14 이 말을 하고 뒤로 돌이켜 예수께서 서 계신 것을 보았으나 예수이신 줄은 알지 못하더라

/ 요한복음 20:11-14

1. 죽음과 무덤을 바라본 마리아는 어떻게 했습니까? (11, 13절)

----

2. 죽음에 시선이 고정되어 있던 마리아의 뒤에 누가 서 계셨습니까? (14절)

----

3. 칼 바르트는 살아있는 자들, 생명을 가진 자들은 "살라는 명령을 받았다"고 말합니다. 그러므로 생명 있는 동안에는 열심히 살다가 죽음이라는 소환장을 받으면 미련 없이 아버지께로 돌아가야 합니다. 당신이 부활의 소망을 품고 오늘 꼭 하고 싶은 일은 무엇입니까?

죽음 인문학。 워크북

정리해 봅시다

1. 사람들은 죽음 이후에 대해 알고 싶어 합니다. 다양한 송교는 각자 이 질문에 대한 답을 제시하고 있습니다. 신을 믿지 않는 사람들은 죽음 이후에 인간이 완전히 소멸되기에 이 세상의 삶을 사는 동안 의미 있는 기여를 하고자 합니다. 힌두교, 불교, 뉴에이지운동에서는 죽음 이후에 윤회가 반복된다고 설명합니다.

2. 기독교에서는 죽음 이후에 부활을 기다리는 상태에 있다가 마지막 날 몸의 부활을 경험하게 된다고 말합니다. 예수 그리스도는 직접 십자가의 죽음을 이기고 부활한 산 증거이십니다. 그리스도인들에게는 예수 그리스도의 십자가와 부활에 참예할 수 있는 약속이 주어져 있습니다. 죽음 이후의 심판과 부활은 오늘을 더욱 가치 있고 성실하게 살아가도록 격려해 줍니다.

마음과 글로 드리는 기도

죽음 이후 맞게 될 심판과 부활을 잠시 묵상해 봅시다. 그리고 죽음과 부활을 앞둔 이 땅에서의 삶이 어떤 삶으로 이루어지기를 원하는지 마음이 담긴 글로 기도합시다.

7강

죽음 문제를 어떻게
해결할 수 있을까요?

죽음을 이기는 비결

내일 세상의 종말이 온다고 해도 나는 한 그루의 사과나무를 심겠어! 죽음으로 나는 사라져도 후손에게 도움이 된다면 그걸로 충분해!

죽어서 천국 가고 영생을 얻어야 해! 가만 있자, 그러려면 뭐부터 해야 할까? 그래, 부지런히 봉사나 선한 행동을 해야지!

난 죽으려면 아직 멀었어, 한참 더 살겠지! 구태여 죽음을 생각할 거 뭐 있어. 그런 생각으로 우울해지고 싶지 않아.

1. 위의 세 사람은 죽음에 대해 서로 나른 입장을 갖고 있습니다. 평소 당신의 모습은 어느 쪽에 가깝습니까?

- -

- -

2. 만약 지금 죽게 된다면 구원받을 수 있다고 확신합니까? 다음 좌표에
   내 구원의 확신 점수를 표기하고, 그 점수를 주게 된 이유를 이야기해
   봅시다.

0   50   100

죽음으로부터 구원받기를 원하는 사람들

하나, 신을 믿지 않는 사람이 죽음 문제를 해결하기 위한 시도들

신을 믿지 않고 이성을 통한 합리성으로 죽음을 해결하고자 하는 사람들은 죽음에서 구원받을 방법을 갖고 있지 않습니다. 그래서 의미 있는 인생을 살아서 자신은 죽더라도 인류에게 공헌할 수 있기를 바라는 마음이 큽니다. 살아가는 동안 자아실현을 위해 몸부림치고 다른 사람들에게 인정받고자 할 뿐 아니라 자신이 죽은 뒤 세상이 더 좋은 곳이 되었다는 평가를 받고자 노력합니다.

무교에서는 굿을 통해 삶의 안전과 생존을 보장받고자 합니다. 굿을 통해 이러한 재수의 회복을 구원 방법으로 여기고 있습니다. 재수는 단순히 '금전이나 건강을 위한 좋은 운수'만을 뜻하는 것이 아니라 삶 전체의 안전한 생존을 의미합니다. 이들은 굿을 함으로써 신령과 인간 사이의 소원해졌던 관계가 활성화되고 굿떡을 나누어 먹으면서 신령과 인간이 합일을 이루고 구원을 체험하게 된다고 생각합니

다. 그리고 한 사람의 행복과 불멸성은 그 사람의 친척들이 보여주는 보살핌과 존경에 달려 있다고 생각합니다. 이런 입장에서는 사회에서 공적과 지위가 분명한 사람은 영원히 기억되지만 사회적 영향력이 약하거나 추방된 경력의 사람은 소멸되는 경향이 있습니다.

유교에서는 제사가 '간접 영생법'으로 기능하고 있습니다. 제사를 통해 죽은 후에도 삶에 귀환할 수 있다고 생각하기 때문에 유교의 효는 죽음과 연관된 '종교적 효'로 작용하고 있습니다. 효를 통해서 인간은 죽음 이후에도 생명을 이어갈 수 있다고 여깁니다.

둘, 자신을 신이라고 믿는 사람들이 죽음으로부터 구원받는 방법

자신을 신이라고 믿는 사람은 범신론pantheism의 입장에서 살아갑니다. 범신론은 모든 것이 신이라고 보는 입장인데, 힌두교와 불교가 여기에 속합니다. 힌두교는 대우주인 브라만이 모든 존재를 창조한 후 피조물 속에 들어가 피조물의 영혼인 아트만으로 존재한다고 생각합니다. 그래서 인간 자신(아트만) 안에 브라만이 내재되었다는 것을 깨달을 때 '해탈'에 이르게 된다고 말합니다. 힌두교에서는 '해탈'이 반복되는 윤회에서 벗어나는 것을 구원이라고 봅니다.

뉴에이지운동은 인간이 영적 각성을 통해 신이 될 수 있는 존재라고 주장합니다. 인류는 자기개선의 무한한 가능성을 가지고 있으며, 본질상 죄도 존재하지 않는다고 봅니다. 그런데 이에 대한 인간의 무지가 인간 자신의 신성을 깨닫는 것을 방해하고 있으며, 자신이 신이라는 깨달음, 즉 영적 각성을 통해 인간은 신이 될 수 있는 존재라고 강조하는 것입니다. 이런 깨달음을 얻기 위해 뉴에이지운동에서는 요가, 명상, 주문, 무아경의 춤, 마약, 의식 확장 요법 등을 사용하고 있습니다.

셋,   예수 그리스도를 믿는 사람들이 죽음 문제를 해결하는 구원 방법

성경에서는 인간을 '죄로 인해 전적으로 타락한 존재'라고 말씀합니다. 죄로 죽을 수밖에 없는 존재인 인간에게 죽음으로부터의 구원은 절실한 문제입니다. 성경은 인간이 죽음으로부터 구원받을 수 있는 방법은 인간 안에 내재된 힘이나 자기 수양, 착한 행위에 있지 않다고 말씀합니다. 착한 사람과 나쁜 사람의 차이는 어느 정도일까요? 착한 사람은 에베레스트 산꼭대기에 있고, 나쁜 사람은 지하갱도 1,000m 깊이에 있다고 가정해 봅시다. 이 두 사람 사이에 엄청난 차이가 있는 것 같지만, 저 높은 하늘나라에서 바라볼 때는 그 사람이 그 사람일 뿐입니다. 우리는 자신의 행위로 스스로 구원에 이를 수 없습니다.

인간이 자신의 힘과 행위로 구원을 얻고자 하는 시도가 '종교'입니다. 종교의 가르침을 하나로 압축하면 영어 'do'(하라)에 있습니다. 그래서 "착한 일을 하라. 묵상을 하라. 계명을 지켜라…" 등의 방법을 추구합니다. 반면 하나님이 사람에게 오셔서 구원을 이루시는 것은 '복음'입니다. 복음은 영어 'do'의 과거분사인 'done'(이루어졌다)에 있습니다. 사랑으로 사람에게 오신 하나님께 마음을 열고 그 사랑을 받아들이게 되면 죽음으로부터 구원이 이루어집니다.

성경은 "영접하는 자 곧 그 이름을 믿는 자들에게는 하나님의 자녀가 되는 권세를 주셨으니"(요 1:12)라고 말씀합니다. 죽음으로부터 구원받는 방법은 딱 한 가지입니다. 예수님을 영접하는 것입니다. 예수

님이 우리를 위해 이 땅에 오셨고, 십자가에 죽으셨고, 우리를 용서하셨고, 우리를 하나님께로 인도하신다는 것을 믿고 고백할 때 하나님의 자녀가 되고 구원받습니다.

1. 신을 믿지 않는 사람들이 죽음을 해결하기 위해 시도하는 방법을 접하면 어떤 생각이 듭니까? 죽음을 해결하기 위한 방법을 여전히 이 세상에서 찾으려고 하는 모습을 보면 어떤 생각이 듭니까?

----

2. 깨달음을 통해 죽음으로부터 스스로 구원받을 수 있다고 보는 입장에 대해 어떻게 생각합니까? 이들은 어떤 한계를 드러낼까요?

----

3. 성경은 죽음으로부터 구원받는 방법으로 '이신칭의'를 말씀합니다. 이는 당신에게 어떤 마음을 불러일으킵니까? 그리고 현재의 삶을 어떤 각도로 비추어 줍니까?

죽음을 해결하는 방법: 십자가와 부활

성경은 예수 그리스도의 십자가와 부활을 믿는 믿음으로 말미암아 인간이 죽음을 넘어 구원받을 수 있다고 말씀합니다.

3 내가 받은 것을 먼저 너희에게 전하였노니 이는 성경대로 그리스도께서 우
리 죄를 위하여 죽으시고

4 장사 지낸 바 되셨다가 성경대로 사흘 만에 다시 살아나사

20 그러나 이제 그리스도께서 죽은 자 가운데서 다시 살아나사 잠자는 자들
의 첫 열매가 되셨도다

/ 고린도전서 15:3-4, 20

1. 성경에는 예수 그리스도의 십자가와 부활을 전하는 제자들의 열정과 선포가 가득합니다. 당신은 십자가와 부활에 대해 누구에게 전해 들었습니까? 그리고 이것을 다른 사람에게 전한 경험이 있습니까? (3절)

2. '나의 죄' '예수 그리스도의 십자가 죽음' '죽음으로부터 나의 구원'이라는 세 구절이 들어간 나의 신앙고백을 써 봅시다. (3-4, 20절)

3. 우리는 '죽음'을 생각해야 합니다. 동시에 '주님'을 생각해야 합니다. 이것이 ○○을 이기는 비결입니다. 여기서 ○○에 들어갈 단어는 무엇일까요?

정리해 봅시다

1. 신을 믿지 않는 사람들은 이 세상 속에서 죽음 문제를 해결하려고 씨름합니다. 사는 동안 가치 있는 삶을 실현하기 위해 노력하거나, 후손들에게 기억되는 방법을 통해 간접적으로 영생을 추구합니다.

2. 자신 안에서 신성을 찾으려는 사람들은 깨달음을 통해 자신 안의 신성을 자각하고자 합니다. 범아일여(梵我一如)의 깨달음을 통해 해탈하거나, 영적 각성을 통해 신이 될 수 있다고 여기며 죽음 문제를 해결하고자 합니다.

3. 예수 그리스도를 믿는 사람들은 자신의 행위로 구원받을 수 있다고 생각하지 않습니다. 하나님이신 예수님이 우리를 위해 사람의 몸으로 이 땅에 오셨고, 십자가에 죽으셨고, 우리를 용서하셨고, 우리를 하나님께로 인도하신다는 것을 믿음으로써 구원받는다고 고백합니다.

마음과 글로 드리는 기도

주님의 십자가 앞에서 내 죄의 크기와 내가 받은 사랑의 크기를 고백하는 기도를 마음과 글로 드려 봅시다.

8강

'내가 죽어야 한다는 것'이
무슨 의미일까요?

십자가를 작게, 더 작게

어떤 사람이 하나님께 이런 기도를 했어요.

"하나님, 제 십자가가 너무 무거워요. 제발 십자가를 줄여 주세요."

하나님은 이 사람의 십자가를 줄여 주셨어요.

이 사람은 줄어든 십자가에 만족하고 인생길을 걸어갔어요. 그러나 머지않아 다시 자기 십자가가 무겁게 느껴졌어요.

"하나님, 제 십자가를 조금 더 줄여 주세요, 제발이요! 너무 무거워 한걸음도 앞으로 나가기가 힘들어요."

하나님은 다시 그 사람의 십자가를 줄여 주셨어요.

이런 기도와 응답은 여러 번 반복되었어요. 그 사람의 십자가는 점점 더 작아져 이쑤시개만큼 가벼워졌어요. 이 사람은 작아진 십자가에 만족하며 인생길을 걷고 있었어요. 그렇게 걸어가다가 큰 강을 만났어요. 주변에는 강을 건널 만한 배가 없었어요. 그래서 그저 강 주위를 맴돌며 시간만 보내고 있었어요. 그때 저 멀리서 무언가를 끌고 오느라 먼지를 일으키며 걸어오는 사람이 보였어요.

그 사람이 힘겨운 걸음으로 가까이 다가왔을 때 그의 어깨에 놓인 것이 커다란 십자가임을 알게 되었어요. 무거운 십자가를 지고 힘겹게 강가에 다다른 그 사람은 그 커다란 십자가를 끌어당겨 강 위에 다리처럼 올려놓았어요. 그러고는 그 위를 저벅저벅 걸어 강 저편으로 건너가더니 다시 그 커다란 십자가를 끌어당겨 어깨에 지고 앞으로 계속 걸어갔답니다.

1. 이 이야기에 나오는 두 사람의 살아가는 모습은 어떤 차이가 있습니까?

----

2. 이 이야기의 교훈이 무엇이라고 생각합니까?

'자신이 죽어야 한다'는 의미

우리는 기독교의 죽음이해를 계속 공부해 왔습니다. 기독교의 죽음 이야기들은 성도의 삶이 어떠해야 한다고 말해 줍니까? 예수 그리스도 의 죽음을 믿음으로써 자신의 것으로 고백하는 성도는 이 땅에서 살아 가면서 자아의 자율성을 어떻게 발휘하며 살아가야 할까요?

하나,   자기를 부인하고 십자가를 지라는 것은 '자아의 존재를 부정하 라'는 뜻일까요?

불교에서는 자아가 있다고 여기는 것은 환상이라고 가르칩니다. '나'의 존재는 단지 오온의 복합체일 뿐이며 죽으면 오온이 해체된다 고 보고 있습니다. 육체나 정신 어디에도 자아가 없는데, 자아가 있다는 환상 때문에 문제가 생긴다고 봅니다. 이 사실을 깨달으면 고통이 끝난다고 합니다.

그러나 환상이 무엇인지 문제를 풀려면 자아가 있어야 하지 않을 까요? 자아가 없다면 깨달음을 얻을 주체가 없어지는 것입니다. 실제로 불교의 교리를 잘 분석해 보면 자아가 없는 것이 아니라 자아를 극대화하고 있음을 알 수 있습니다. 자기 관념 속에 시간과 공간을 극대화하고, 보이는 세계와 보이지 않는 세계까지 자기 생각 안에 집어넣고 그것을 초월하려고 합니다. 심지어 죽어 환생하는 순간에도 자기가 어떤 생각을 하느냐, 어떤 선택을 하느냐에 따라 윤회의 결과가 달라진다고 보고 있습니다.

기독교에서는 창세기의 선악과 이야기를 들려주며 인간에게는 자율성, 자아가 있다고 말합니다. 그러나 무한한 자율을 말하는 건 아닙니다. 만약 기독교에서 인간의 자아를 긍정하지 않고 자율성을 인정하지 않는다면 인간을 죄인이라고 부를 수가 없습니다. 자아의 존재를 긍정하고 자율성을 지닌 존재라고 생각하기에 죄에 대해 회개를 촉구하는 것입니다. 인간은 하나님 앞에서, 세상을 향하여 자기를 긍정하고, 때로는 부정하며 응답해야 하는 존재입니다.

둘,   *자기를 부인하고 십자가를 지는 삶은 어떻게 사는 것일까요?*

'자기를 부인하라는 것'은 나의 개성이 없어지고 나의 이성적 판단을 부정하라는 뜻이 아닙니다. 인간의 자아는 하나님이 각 사람마다 고유하게 창조하셨고 그 가치가 엄청납니다. 자아가 죄성으로 말미암아 죄를 짓는 것이 문제이지, 나라는 존재의 고유성이나 판단력을 문

           죽음 인문학。 워크북

제 삼는 것은 옳지 않습니다.

기독교에서 가르치는 자기부정은 하나님과의 관계를 가로막는 죄악된 자신을 내려놓으라는 것입니다. 그리고 하나님을 인정하고 그 뜻을 알고 따르라는 뜻입니다. 이런 과정은 진성한 내가 되고, 참된 나를 찾게 해줍니다. 그러므로 그리스도인들은 자아를 없애는 것이 아니라 진정한 자아를 찾음으로써 진정한 자아로 하나님과 교제해야 합니다.

그러면 '십자가를 지라'는 것은 무슨 의미일까요? 그리스도인들은 믿음 안에서, 십자가 앞에서 예수 그리스도의 죽음이 자신의 죄로 인한 죽음임을 고백해야 합니다. 믿음 안에서 자신을 죽은 자로 간주하도록 부름 받았기 때문입니다. 그와 동시에 십자가는 '죽음을 죽인' 사건입니다. 십자가에서 진정 자신이 죽는 경험을 한 사람은 부활을 약속받은 사람입니다. 그러므로 그리스도인들은 자신의 삶 속에서 죄성에 대해 날마다 죽으면서 부활을 경험하는 삶을 살아가야 합니다.

셋, 그리스도인들은 분명한 죽음이해를 마주하면서도 왜 현실에서 열매 있는 삶을 살지 못하는 것일까요?

세 가지 동심원을 한 번 생각해 봅시다. 가장 안쪽에는 사람이 믿고 있는 신앙의 내용이 자리하고 있습니다. 그다음에는 그것을 둘러싸고 있는 가치 체계가 있습니다. 가장 바깥에는 눈으로 볼 수 있는 행동 양식이 자리합니다. 다음의 그림에서 알 수 있듯이 밖으로 나타나는 행동은 그 사람의 가치 체계에서 나오고, 가치 체계는 그 사람의 신앙 내용으로부터 나옵니다.

어떤 사람이 그리스도인이 되면 그 신앙고백에 부합하는 새로운 가치 체계가 형성되고, 그 가치에 합당한 행동이 나오게 됩니다. 신앙, 가치 체계, 행동 양식이 일치하면 단연 성숙한 신앙이라고 말할 수 있습니다. 그렇지 못한 경우 우선 시간이 문제일 수 있습니다. 신앙의 가장 깊은 부분은 변했지만, 그것이 금방 가치 체계나 행동으로 나타나지 못하기 때문입니다. 이는 나무를 심어도 금방 열매를 맺지 못하는 것과 같습니다.

시간이 지나도 열매가 없다면 그건 왜 그럴까요? 바로 십자가 앞에서 그리스도와 함께 죽고, 함께 사는 실존적 경험이 없기 때문입니다. 십자가 앞에서 날마다 자기를 못 박고 죄에 대해 자기의 죽음을 경험할 때 삶 가운데서 생명과 부활의 역사를 경험하게 됩니다.

1. 신앙인의 자아를 긍정하는 것은 인격적 관계와 윤리적 삶에 어떤 의미를 부여할까요?

2. 앞선 설명을 삶에 적용해 볼까요? '자기를 부인하고 자기 십자가를 지고 살아가는 삶'의 실례를 찾아보고 이야기해 봅시다.

성경 속 주제 듣기

자기 사명과 비전으로 살아가기!

기독교의 죽음이해는 십자가 앞에서 죽음과 부활을 경험하게 합니다. 자아를 긍정하되 죄로 물든 자아는 끊임없이 십자가에 못 박히도록 요구합니다. 그리고 진정한 자아, 참된 자아로 하나님과 교제하도록 초대받습니다. 성경은 이런 삶을 무엇이라고 말씀하고 있을까요?

> 23 또 무리에게 이르시되 아무든지 나를 따라오려거든 자기를 부인하고 날마다 제 십자가를 지고 나를 따를 것이니라
>
> 24 누구든지 제 목숨을 구원하고자 하면 잃을 것이요 누구든지 나를 위하여 제 목숨을 잃으면 구원하리라
>
> / 누가복음 9:23-24

1. 그리스도인은 그리스도와 무관하게 자신의 야망을 추구하며 사는 사람이 아닙니다. 성경은 무엇이라고 말씀합니까? (23절)

2. 성경은 사람을 향한 죽음과 구원의 원리가 무엇이라고 말씀합니까?
   (24절)

   ----

3. 자신이 되고 싶은 내가 되기보다 하나님이 만들고 싶어 하시는 내가
   되는 것이 훨씬 더 아름답고 위대합니다. 그리스도인의 성공적 삶은
   하나님 안에서 자기 사명과 비전을 찾는 것입니다. 내가 발견한 사명
   과 비전은 어떤 것인가요?

정리하며 기도하기

정리해 봅시다

1. 자기를 부인하고 십자가를 지라는 것은 자아의 존재를 부정하라는 것
   이 아닙니다. 성경은 인간의 자율성, 즉 자아를 긍정하고 있습니다. 자아
   가 있기에 하나님과 인격적인 관계를 맺고, 윤리적 책임을 감당합니다.

2. 기독교에서 말하는 자기부정은 하나님과의 관계를 방해하는 자신의
   죄성을 내려놓는 것입니다. 십자가 앞에서 날마다 죄악 된 자신이 죽
   고 부활을 경험하며 살아가야 합니다.

3. 그리스도인에게 성공적인 삶은 야망을 추구하기보다 하나님이 원하시는 삶을 사는 것입니다. 왜냐하면 야망에 사로잡힌 나는 죄를 갈망하는 길을 선택하지만, 하나님이 보여주시는 비전을 따르는 나는 참자아로 살아가는 길을 선택하기 때문입니다.

마음과 글로 드리는 기도

우리 삶이 자기 십자가를 지고 주님을 따르는 삶이 되도록 글로 써서 기도를 드립니다.

9강

부활할 때
우리는 어떤 모습일까요?

1. 역사의 종말이 닥쳐 주님이 재림하셨다고 상상해 봅시다. 부활해서 주님을 만났을 때 나는 어떤 모습일까요? 아래 공간에 자신이 상상한 모습을 그려 봅시다.

2. 자신이 그린 그림을 다른 사람에게 보여주며 부활한 모습에 대해 이야기해 봅시다. 어떤 공통점과 차이점이 있습니까?

죽음 이후 부활할 때 우리는 어떤 모습일까요?

부활할 때 우리는 어떤 모습을 하고 있을까요? 이는 장차 경험할 일이기에 우리에게 중요합니다. 부활에 대한 앎이 구체적일수록 죽음에 대한 두려움이 사라지게 됩니다. 그리고 더욱 생명력 있게 살도록 힘을 공급해 줍니다.

하나, 많은 사람은 기독교의 부활을 혼동하고 있습니다.

인간이 죽으면 육체는 소멸되고 영혼만 불멸한다고 여기는 것은 원래 그리스 사상에서 온 것입니다. 이 입장에 따르면 인간의 육체는 악하고 유한하며, 영혼은 선하고 무한하다고 생각했습니다. 영혼만 부활한다는 이 관점에 대해 보다 관심 있게 확인해야 할 것은 영혼은 피조된 것이 아니라 원래부터 있었던 본질이라고 생각한다는 점입니다. 이런 이유로 죽음이란 영혼이 육체의 감옥에 있다가 해방되는 것이라고 이해했습니다.

영혼과 육체에 대한 이원론 사상을 기독교의 가르침이라고 오해하는 사람이 많이 있습니다. 성경에 유사한 표현들이 나오기 때문입니다. 그러나 자세히 살펴보면 성경은 몸의 부활을 말하지 영혼만이 불멸한다고 말하지 않습니다.

그리스인들은 사람은 죽을 수밖에 없는 운명이기에 부활이 터무니없는 개념이라고 생각했습니다. 그래서 예수의 부활도 인정하지 않았습니다. 예수님이 다시 살아났다면 죽은 것처럼 보였던 것뿐이지 실제로 죽지 않은 것이라고 주장했습니다. 이런 이해로 인해 이단이 나타나기도 했습니다.

이들은 인간 속에 죽지 않는 요소인 불멸의 영혼이 해방되는 것이 부활이라고 했습니다. 영혼은 육체로부터 해방되어야 비로소 본래의 선한 부분으로 온전히 살 수 있다고 생각했던 것입니다.

둘,　'예수의 부활하신 몸'을 통해 우리의 부활을 미리 볼 수 있습니다.

그러면 예수님이 부활하셨을 때 그 모습은 어떠했을까요? 부활하신 예수님이 어떤 모습이었는지를 아는 것은 우리에게 중요한 일입니다. 왜냐하면 우리도 이후 예수님을 따라 그렇게 부활할 것이기 때문입니다.

부활한 예수님은 구체적인 몸을 가지셨습니다. 그래서 제자들이 예수님을 알아볼 수 있었습니다. 때로 영광스러운 모습 때문에 바로 알아보지 못한 경우도 있었습니다. 부활의 몸으로 오신 예수님은 제자들과 말씀도 하시고 먹기도 하셨습니다. 그리고 시공을 초월하여 닫힌 문을 열지 않고 들어오기도 하셨습니다. 이런 증언들을 살펴볼 때 예수님의 부활하신 모습은 여전히 육체적이기도 하고 초자연적이기도 한 몸이었습니다. 이것은 하늘에서도 땅에서도 적합한 몸이었습니다.

예수님의 부활하신 몸은 우리에게 일어날 부활에 대한 예표이자 부활의 본질을 알려 주고 있습니다. 죽음으로 몸을 떠난 그리스도인들은 그리스도 안에서 잠자는 상태로 몸의 부활을 고대하고 있습니다. 그리고 역사의 마지막에 부활할 때 새로운 몸으로 완전한 부활을 하게 됩니다. 이 같은 부활의 본질과 모습에 대한 이해가 분명할수록 그리스도인들은 죽음 이후와 천국에 대해 더 구체적인 소망을 품고 살아가게 됩니다.

셋.　　신약성경에서 말하는 '몸과 영혼의 구별'을 바로 알아봅시다

19, 20세기에 영혼 불멸의 교리는 성경에 나오는 죽은 자의 부활 교리를 대신해 대중에게 퍼져 나갔습니다. 오스카 쿨만^{Oscar Cullmann}에 따르면 기독교 안에 넓게 퍼졌던 영혼 불멸의 교리는 일부 기독교적이고 일부 이교도적인 혼합적 성향을 가졌습니다. 죽음은 친구이고 영혼은 죽음 후에 몸에서 해방되어 완전한 삶으로 즉각 옮겨 간다고 받아들이도록 했습니다. 그러나 성경에서는 죽음은 원수이며 죽음 이후에 부활을 기다리는 중간 상태를 말하고 있습니다. 역사의 마지막에 부활의 몸을 입을 때 완전해진다고 가르치고 있습니다.

그러면 신약성경에 나오는 몸과 영혼의 구별, 겉사람과 속사람의 구별은 영혼과 몸을 선과 악으로 보는 생각과 어떻게 다른 것일까요? 영혼 불멸 사상에서 가르치는 것처럼 한쪽은 선천적으로 선하고 다른 한쪽은 선천적으로 악한 것일까요? 그리고 선과 악으로 서로 대적하는 관계에 있는 것일까요? 성경은 둘 다 함께 속해 있으며, 둘 다 하나님이 지으신 것이라고 말씀합니다. 겉사람 없는 속사람은 합당하고 온전한 존재가 되지 못합니다. 또한 속사람은 몸을 필요로 합니다. 그리스 사상에서는 영혼이 몸을 떠남으로써 완전한 삶에 이를 수 있다고 말하지만, 기독교 신앙에서는 속사람(영혼)은 몸을 요구하는 속성을 가져 함께 있어야 한다고 말합니다.

우리가 부활하면 천상의 존재가 되어 인간성이 없어지는 것이 아닙

니다. 그때 우리는 인간 존재가 회복되고 영화롭게 됩니다. 천국에서 개성 없는 영적 존재로 있는 것이 아니라 구체적인 몸, 부활의 영광스럽고 신령한 몸을 가진 모습으로 거하게 될 것입니다.

1. 그리스도인들 사이에 육신의 몸은 악하고 영혼은 선하다는 생각을 가진 사람이 있습니까? 사례를 들어 이야기해 봅시다.

----

2. 부활하신 예수의 모습을 보여주는 성경 구절을 한 가지씩 찾아봅시다. 자신이 찾은 말씀을 서로 나눠 봅시다.

----

3. 성경에서 말하는 겉사람과 속사람은 어떤 관계를 이루고 있습니까? 이 부분을 바르게 이해하는 것이 자신과 삶에 대해 어떤 태도를 갖게 합니까?

성경이 들려주는 부활의 몸: 부활할 성도의 모습

그리스도인들은 죽음과 그 이후에 일어날 일을 바르게 알아야 합니다. 죽음 이후 부활을 기다리다가 역사의 종말에 주님을 만날 때 우리가 어떤 모습으로 부활하는지에 대해 말씀을 들어 봅시다.

42 죽은 자의 부활도 그와 같으니 썩을 것으로 심고 썩지 아니할 것으로 다시 살아나며

43 욕된 것으로 심고 영광스러운 것으로 다시 살아나며 약한 것으로 심고 강한 것으로 다시 살아나며

44 육의 몸으로 심고 신령한 몸으로 다시 살아나나니 육의 몸이 있은즉 또 영의 몸도 있느니라

53 이 썩을 것이 반드시 썩지 아니할 것을 입겠고 이 죽을 것이 죽지 아니함을 입으리로다

/ 고린도전서 15:42-44, 53

1. 성경 말씀은 육의 몸과 영의 몸을 어떻게 대조합니까? (42-44절)

	육의 몸	영의 몸
42절	썩음	
43절	욕됨	
43절	약함	

2. 우리가 부활할 때 '영혼만'으로 주님을 만나는 것이 아니라 '부활의 몸'
   이 있음을 어떻게 증언하고 있습니까? (44, 53절)

   -

   -

정리하며 기도하기

정리해 봅시다

1. 그리스 사상에서 시작된 영혼 불멸은 기독교의 부활이해와 혼합된 형
   태로 나타나기도 합니다. 영혼은 선하고 몸은 악하다는 이 사상의 영
   향으로 삶과 죽음을 이해하면 곤란합니다. 성경에서는 겉사람과 속사
   람(영혼)이 함께 온전함을 이루어가야 한다고 말씀합니다.

2. 예수 그리스도의 부활하신 모습은 장차 우리에게 있을 부활의 몸을
   보여줍니다. 예수의 부활하신 몸은 하늘에서도 땅에서도 적합한 몸이
   었습니다. 즉 여전히 육체적이기도 하고 초자연적이기도 한 몸이었습
   니다.

3. 역사의 마지막에 있을 부활 때 우리는 구체적인 몸으로 부활하게 됩
   니다. 개성과 인간성이 없어지는 부활이 아니라 신령하고 영화롭게 된
   부활의 몸으로 천상에 거할 것입니다.

마음과 글로 드리는 기도

부활의 본질과 부활의 상태를 바르게 이해하며, 이런 부활의 소망을 품고 오늘을 어떻게 살아가기를 원하는지 글로 써서 기도합니다.

10강

가족들과 작별인사를
나누고 싶어요!

삶을 마무리하는 자리

① 병원   ② 요양원   ③ 집

1. 주변에서 누군가 돌아가셨다는 소식을 듣게 되는데, 그들은 주로 어
   디에서 돌아가셨습니까? 병원, 요양원, 집 등 그 장소는 대략 어느 정
   도 비율을 차지하고 있습니까?

   _____

   _____

2. 인생의 마지막 지점에 이르렀을 때 어떤 장소에서 죽음을 맞이하고
   싶습니까? 그리고 그때 누가 곁에 있기를 원합니까?

   _____

   _____

삶의 여정을 마무리하는 죽음: 자연스럽게, 친숙하게

100명의 사람은 서로 다른 100가지의 삶을 살아갑니다. 그런데 삶의 마지막 여정인 죽음은 대부분 병원에서 자연스럽지 못한 상태로 마감하고 있는 것이 현실입니다. 자연스러운 죽음, 죽는 사람을 위한 죽음은 어떻게 이루어져야 할까요?

하나, 평소에 자신이 원하는 죽음에 대해 이야기를 나누어 봅시다.

가족끼리 죽음에 대해 이야기를 나눠 본 적이 있습니까? 가까운 지인의 장례식에 다녀와서 나의 장례는 이렇게 이루어지면 좋겠다는 이야기를 가족에게 들려준 적이 있습니까? 아마도 죽음이라는 주제로 가족끼리 대화하지 않는 경우가 대부분일 것입니다. 오히려 의식적, 무의식적으로 피하는 주제일 수도 있겠지요. 그러나 죽음이 누구나 삶의 마지막 순간에 맞게 되는 생의 자연스러운 과정임을 생각할 때 평소 자신의 죽음에 대해 틈틈이 이야기를 나누는 것은 의미 있는 일입니다. 그리고 죽음 전에 정리해 두어야 할 일들을 기록으로 남겨 보관하는 일도 지혜롭게 죽음을 맞이하는 방법입니다.

어떤 법의학 교수는 평소 가족들에게 자신의 죽음에 대해 "살아생전 한 번도 안 입었던 삼베로 된 수의를 입히지 말고 결혼할 때 입었던 예복을 입혀 달라, 신발은 생의 마지막에 즐겨 신었던 신발을 신겨 달라"고 이야기했다고 합니다. 평소 이런 이야기를 하면 가족들이 웃음으로 들어도 죽음의 자리에서 기억할 것입니다.

가족들끼리, 특히 자녀들에게 죽음에 대해 평소 자연스럽게 이야기한다면 죽음에 비추어 삶의 한계를 겸허히 받아들이며 살아갈 것입니다. 그리고 장차 닥칠 죽음에 대해 자연스럽게 준비하고 대비하는 삶을 살 것입니다.

둘, 집에서 가족들과 작별을 나누는 것은 죽는 이를 위한 선물입니다.

많은 사람은 자신이 살던 집에서 편안하게 죽음을 맞고 싶다는 마음을 갖고 있습니다. 그러나 통계청 자료에 따르면 2012년에는 18.8%만이 집에서 죽었고, 70.1%는 의료기관에서 사망했으며, 11.1%는 사회복지시설 등에서 죽음을 맞았다고 합니다. 이 결과에서 보듯 80%가 넘는 사람이 집을 떠나 다른 곳에서 생의 마지막 순간을 맞았습니다. 이보다 불과 20여 년 전이었던 1989년에는 77.4%가 집에서 죽음을 맞았는데 말입니다. 죽음 문제는 갈수록 가족의 손에서 벗어나서 전문기관이나 전문인들의 손에 맡겨지고 있습니다. 이런 현실 상황을 바라보며 죽는 이를 위한 진정한 선물이 무엇인지를 생각해 보아야 합니다. 원하는 곳에서 죽을 수 있는 것은 죽는 이를 위한 삶의 마지막 선물입니다.

어떤 70대 어머니가 죽음을 앞두고 남긴 글이 언론을 통해 세상에 알려졌습니다. 그 내용 중 일부를 소개하면 다음과 같습니다.

딸아이야 맏며느리, 맏딸 노릇 버거웠지?
큰애야 맏이 노릇 하느라 힘들었지?
둘째야 일찍 어미 곁을 떠나 홀로 서느라 힘들었지?

막내야 어미 젖이 시원치 않았음에도 공부하느라 힘들었지?
고맙다, 사랑한다.

가족들에게 남기는 작별인사는 삶을 계속 살아갈 유족에게 삶의 문제를 감당해 나갈 위로와 힘을 줍니다. 생의 마지막 시간을 가족들과 함께하며 전하고 싶은 말과 마음을 표현할 수 있다면 복된 죽음이라고 할 수 있을 것입니다.

셋,   곁에서 경험하는 자연스러운 죽음은 죽음 교육이 이루어지는 유익을 가져다줍니다.

18세기에 사람들은 주로 자기 집에서 숨을 거두었습니다. 죽어가는 과정을 가족들이 자연스럽게 받아들이며 함께했습니다. 곧 운명할 거라는 소식이 마을에 전해지면 이웃들과 동네사람들도 찾아와서 작별 인사를 했습니다. 아이들도 죽음 문제에서 격리되지 않았고 자연스러운 삶의 과정으로 죽음을 목격하며 자랐습니다.

그러나 오늘날에는 사회가 죽음을 감추는 경향이 있습니다. 죽음이 가까워진 사람은 병원이나 관련 전문기관으로 옮겨집니다. 할아버지, 할머니 장례식장에서 어린 손자와 손녀들을 보기 어려운 경우도 종종 있습니다. 어린 자녀를 보호한다는 명목으로 어른끼리 장례를 치르고 할아버지, 할머니와 작별할 기회도 주지 않는 경우가 생겨나고 있습니다. 이처럼 삶과 죽음을 분명하게 경계 짓는다면 사람들은 죽음에 대해 무방비 상태가 됩니다. 편리함을 얻었을지는 몰라도 삶의 마지막 순간과 친밀해질 수 있는 귀중한 경험을 빼앗기게 됩니다.

남녀노소 모두 자연스럽게 죽음을 경험할 때 죽음 교육이 이루어집니다. 이러한 과정을 통해 죽음과 친숙해지고 자연스럽게 죽음을 대비하며 충실한 삶을 살아가고자 하는 지혜를 터득하게 됩니다.

1. 자신이 원하는 죽음에 대해 생각해 봅시다. 가족들에게 자신의 죽음에 대해 어떤 이야기를 들려주고 싶습니까?

2. 죽음을 앞두고 있다고 가정했을 때 누구에게 어떤 작별인사를 전하고 싶습니까?

To.

To.

3. 삶의 마지막 순간에 대해 보다 친밀해지고, 죽음에 대비한 삶을 살고자 마음먹게 된 죽음을 경험한 적이 있습니까?

죽는 이를 위한 선물, 남은 자들을 위한 축복!

성경에는 믿음 가운데 다양한 삶을 살다간 신앙 선배들의 이야기가 나옵니다. 그중에서 야곱은 생의 마지막을 향해 갈 즈음 바로 왕 앞에서 스스로 "험악한 세월을 보내었나이다"라고 살아온 삶을 회고하기도 합니다. 파란만장했던 인생을 살았던 야곱은 죽음을 어떻게 맞이했을까요?

1. 야곱이 그 아들들을 불러 이르되 너희는 모이라. 너희가 후일에 당할 일을 내가 너희에게 이르리라

28. 이들은 이스라엘의 열두 지파라 이와 같이 그들의 아버지가 그들에게 말하고 그들에게 축복하였으니 곧 그들 각 사람의 분량대로 축복하였더라

29. 그가 그들에게 명하여 이르되 내가 내 조상들에게로 돌아가리니 나를 헷 사람 에브론의 밭에 있는 굴에 우리 선조와 함께 장사하라

/ 창세기 49:1, 28-29

1. 야곱은 임종을 앞두고 누구를 불러 함께했습니까? (1절)

----

2. 죽음을 앞둔 야곱은 아들 한 명 한 명에게 무엇을 했습니까? (28절)

----

3. 야곱은 자신의 장례를 어떻게 치르기를 원하는지 자녀들에게 유언을
   남깁니다. 야곱은 어떻게 하라고 말했습니까? (29절)

정리하며 기도하기

정리해 봅시다

1. 평소 가족끼리, 자녀들과 죽음을 주제로 이야기를 나누어야 합니다.
   삶과 함께 자연스레 이루어지는 죽음 이야기는 앞으로 있을 죽음을 대
   비하게 합니다. 그리고 삶의 한계를 받아들이며 겸허하고 충실하게 살
   아가게 해줍니다.

2. 죽는 이에게 있어 집에서 가족들이 지켜보는 가운데 죽음을 맞을 수
   있다는 것은 귀한 선물입니다. 가족들에게 남기는 작별인사는 남은 이
   들에게 위로와 힘이 됩니다.

죽음 인문학。 워크북

3. 죽음을 곁에서 경험하게 되면 자연스럽게 죽음 교육이 이루어집니다. 삶의 마지막 순간을 친밀하게 받아들이고 죽음에 대비해 충실히 살아가게 하는 유익을 줍니다.

마음과 글로 드리는 기도

자신이 생각하는 죽음의 모습과 자신의 죽음이 가족과 지인들에게 어떤 마음으로 전해지고 기억되기를 원하는지 그 소원하는 바를 글로 써서 기도해 봅시다.

11강

천국은 어떤 곳일까요?

1. 다음은 천국 신앙에 대한 체크리스트입니다. 자신이 어디에 속하는지 체크해 봅시다.

	매우 그렇다	그렇다	보통이다	그렇지 않다	매우 그렇지 않다
1. 천국이 어떤 곳이라고 자신 있게 설명할 수 있다					
2. 천국 신앙이 현재의 삶에 영향을 미친다					
3. 천국 신앙을 적극적으로 전하고 싶다					

2. 천국이 어떤 곳이라고 생각합니까? '천국에 있는 것'과 '천국에 없는 것'을 써 보고 서로 이야기를 나누어 봅시다.

　천 국 에 있 는 것

천국에 없는 것

천국에 대한 입장: 뉴에이지운동과 이슬람교, 기독교

천국에 대해 어떤 이미지와 소망을 품고 살아가고 있습니까? 천국에 대한 목표가 분명할수록 이 땅의 삶은 달라질 것입니다.

하나, 뉴에이지운동은 '지옥 없는 천국'을 가르치고 있습니다.

뉴에이지는 죽음 후에 심판도 없고 형벌도 없다고 주장하고 있습니다. 이들은 이 세상의 삶을 어떻게 살았느냐에 상관없이 점진적으로 향상된 환생을 한다고 생각합니다. 그 근거로 근사체험 연구의 결과를 제시하고 있습니다.

근사체험 연구의 첫 학술서를 펴낸 코네티컷 대학의 심리학 교수 케네스 링Kenneth Ring은 근사체험자들이 가장 먼저 경험하는 현상은 '체외 이탈 체험'이라고 말합니다. 한 사람의 의식이 몸 밖으로 빠져나가 자기 몸을 바라보기도 하고 몸 주위를 돌아다니기도 하는데, 이때 육체를 갖고 있는 사람과는 소통이 이루어지지 않습니다. 이렇게 몸 밖으로 의식이 빠져나온 체험자들은 '터널 체험'을 하게 됩니다. 터널 체험은 동굴, 진공, 원통 등 여러 가지 용어로 표현되기도 하는데, 굴의 끝쪽에 환한 빛이 보이고 갈수록 이 빛이 밝아지고 커지는 경험을 한 다고 합니다. 그리고 나서 빛의 존재를 만나는데, 영혼은 이 빛의 존재 를 만났을 때 매우 짧은 시간에 삶을 회고한다고 합니다. 그 빛의 존재 가 안온하게 감싸는 가운데 스스로 잘못을 깨닫게 된다고 합니다. 빛 을 만난 다음 장벽 앞에 서서 장벽을 넘어갈 것인지, 다시 돌아갈 것인 지 결정해야 할 때 빛의 존재는 '돌아가라'고 제안한다고 합니다. 돌아 온 사람들은 죽음 뒤에 어떤 비난이나 심판도 없고 빛의 존재로부터 무조건적인 사랑과 용서를 경험했다고 보고합니다. 그렇게 삶 저 너 머의 아름다운 세상을 알게 되었고, 죽음에 대한 공포가 사라졌다고 말합니다.

이들은 죽은 다음에 부정적 체험을 하지 않는다는 사실을 근거로 사후세계에 대한 이론을 전개했지만, 사실 죽은 다음에 부정적 체험 을 하는 사람도 많습니다. 지옥 체험이 잘 보고되지 않는 이유는 체험 자 자신이 무서운 기억을 견뎌낼 만한 힘이 없거나 지옥 경험이 자신 을 실패한 인생으로 평가받게 하지 않을까 하는 부담이 커서 부정적 체험은 숨기는 경향이 있기 때문입니다.

둘,   이슬람교는 '관능적이고 남성을 위한 공간'으로 천국을 말하고 있습니다.

이슬람의 경전인 코란은 현세와 유사한 것들이 최상의 환경으로 완 비되어 있는 곳이 천국이라고 소개하고 있습니다. 특히 순결하고 아 름다운 여인들과 함께 영생을 만끽하는 것을 본질적 요소로 부각시키 고 있습니다. 그리고 이슬람교는 술을 엄격히 금지하지만 천국에서는 영원토록 끊어지지 않고 술의 강이 흐른다고 가르칩니다. 이 세상에 사는 동안 알라에게 충성을 다해 헌신한 사람들은 현세에서 그토록 바라던 최상의 것을 천국에서 마음껏 누릴 수 있다고 알려줍니다.

그런데 코란은 천국에서조차 인간과 알라의 직접적인 교제는 불가능하다고 말합니다. 피조물인 인간과 알라의 교제는 절대 불가능한 일이라고 여기고 있습니다. 천국에는 안식과 쾌락이 있지만, 이런 천국의 삶이 인간 발전 과정의 궁극점은 아니라고 봅니다. 이승에서 사람들이 부단히 자기 발전을 도모하는 것처럼 천국에서도 발전하려는 의지를 계속 발휘하며 살아가야 한다고 합니다.

지옥은 성경과 비슷하게 불지옥으로 다수 표현되고 있는데, 상상할 수 없는 고통과 형벌이 있는 곳으로 묘사되고 있습니다. 그러나 지옥조차도 알라의 뜻 아래 구원의 은총을 입을 수 있는 곳이라고 가르칩니다. 지옥은 죄가 있는 자들이 들어가서 정화되는 곳이며, 정화 과정을 거친 후 천국에 갈 수 있다고 봅니다. 이렇듯 이슬람교는 천국과 지옥에 대해 대부분 감각적이고 육체적인 것으로 묘사하고 있으며, 무슬림들은 이러한 묘사를 은유적으로 받아들이지 않고 문자 그대로 믿는 경향이 있습니다.

셋,   기독교는 천국을 부활한 몸이 거하며 하나님과의 교제 가운데 기쁨을 누리는 충만한 장소라고 알려 줍니다.

성경에서는 천국이 부활과 최후 심판을 통해 의인들이 거하는 곳이라고 말씀합니다. 여기서 의인은 예수 그리스도를 믿는 믿음으로 인해 의인이라고 불리는 성도를 뜻합니다. 천국은 하나님의 나라로 이

곳에서 창조주와 피조물의 관계가 회복되어 온전한 조화를 이루며 샬롬 공동체로 존재하게 됩니다.

성경 곳곳에서 묘사된 천국은 밤이 없고, 각종 진귀한 보석으로 장식된 두성과 정금으로 포장된 길, 생명수 상, 생명나무 등 더할 나위 없이 완벽한 환경이 갖추어진 곳으로 소개됩니다. 그리고 천국에는 시집가고 장가가는 것이 없습니다. 천국에서 누리는 영생의 핵심이자 본질은 '하나님과의 교제 가운데 누리는 기쁨'에 있습니다.

뉴에이지운동은 지옥 없는 천국을 받아들이고 있으며, 코란에서는 지옥에 있는 자도 다시 천국에 입성할 수 있다고 말합니다. 그러나 성경에서는 지옥은 타락한 천사와 그의 추종자들을 위한 장소이며, 하나님의 은총이 전혀 없는 곳으로 영원한 형벌만 존재한다고 가르칩니다. 이렇듯 천국과 지옥에 대한 뚜렷한 성경의 가르침은 이 세상의 삶을 어떻게 살아가야 하는지 분명하게 말씀하고 있습니다.

C.S. 루이스는 이렇게 말했습니다. "역사를 읽어 보면 이생을 위해 가장 많은 일을 한 사람들은 바로 내생을 가장 많이 생각했던 사람들임을 알 수 있다. 로마제국을 회심시키려 했던 사도들, 중세를 건설한 위인들, 노예제도를 폐지한 영국의 복음주의자들 모두 이 땅에 그들의 발자취를 남겼다. 그것은 그들의 마음이 천국에 사로잡혀 있었기 때문이다." 천국을 목표로 삼는 사람은 이 세상에서 변혁을 일으키는 삶을 살게 된다는 것입니다.

최근에는 기독교 내에서도 더 나은 본향인 천국을 고대하고 갈망하며 살아가려면 천국에 대해 더 구체적으로 배워야 한다는 목소리가 높아지고 있습니다. 그래서 천국에 대한 성경 내용이 더 연구되어야 한다는 천국학Heavenology의 필요성이 대두되고 있습니다.

1. 심판 없는 천국을 가르치고 무조건적으로 용서하는 빛의 존재를 받아
   들이는 경우 이 세상의 삶에 어떤 영향을 미치게 될까요?

   ----

2. 코란에서 묘사하고 있는 천국이 어떤 곳이라는 생각이 듭니까?

   ----

3. 천국에 대한 목표가 분명할수록 삶에 어떤 특징이 나타날까요?

성경 속 주제 듣기

천국에 대한 소망을 품고 오늘을 살아가요!

과거에는 지옥에 대한 설교가 많았습니다. 지옥에 대한 두려움과
공포를 불러일으켜 나태해진 신앙에 경각심을 일깨워주려고 했습니
다. 그러나 이제는 오히려 아름답고 소망에 찬 천국을 더 구체적으로
만나고, 천국을 목표로 오늘을 살아가는 것을 중요하게 여깁니다. 다

죽음 인문학。워크북

음 성경 말씀을 통해 천국을 만나 봅시다.

3. 내가 들으니 보좌에서 큰 음성이 나서 이르되 보라 하나님의 장막이 사람들과 함께 있으매 하나님이 그들과 함께 계시리니 그들은 하나님의 백성이 되고 하나님은 친히 그들과 함께 계셔서

4. 모든 눈물을 그 눈에서 닦아 주시니 다시는 사망이 없고 애통하는 것이나 곡하는 것이나 아픈 것이 다시 있지 아니하리니 처음 것들이 다 지나갔음이러라

5. 보좌에 앉으신 이가 이르시되 보라 내가 만물을 새롭게 하노라 하시고 또 이르시되 이 말은 신실하고 참되니 기록하라 하시고

/ 요한계시록 21:3-5

1. 천국에서 하나님과 성도들은 어떤 관계를 이루고, 어떤 교제를 누리게 됩니까? (3절)

----

2. 천국에는 이 세상이 있는 어떤 것들이 존재하지 않는데, 왜 그렇습니까? (4-5절)

정리해 봅시다

1. 성경은 최후 심판과 부활을 통해 성도들이 천국에 거하게 된다고 말씀합니다. 천국은 부활한 몸으로 거하게 되는, 모든 소망이 이루어지는 충만하고 구체적인 장소입니다.

2. 천국에서는 창조주와 피조물의 관계가 회복되어 함께 조화를 이루며 샬롬 공동체로 살아갑니다. 영생의 핵심이자 본질은 천국에서 하나님과의 교제 가운데 기쁨을 누리며 거한다는 것입니다.

3. 천국에 대한 이미지와 소망이 구체적일수록 이 세상을 사는 동안 천국을 목표로 삼아 살아가게 됩니다. 천국에 사로잡힌 마음을 지닌 사람들은 역사적으로 엄청난 과업을 이루는 삶을 살았습니다.

마음과 글로 드리는 기도

천국을 소망하는 기도를 하고, 천국을 목표로 삼아 오늘을 어떻게 살아가기 원하는지 글로 써서 기도합니다.

12강

죽음에 대해
공부한 우리는
어떻게 살아가야 할까요?

죽음 앞에 꿈꾸며 살아가는 사람

한 정신과 의사의 이야기입니다. 그녀는 명문대를 졸업하고 정신분석전문의로 일하면서 대학에서 학생들을 가르치며 바쁜 나날을 보냈습니다. 그러던 어느 날 일시적으로 몸에 이상이 생겼다고 믿었던 그녀는, 병원에서 파킨슨병이라는 진단 결과를 듣게 됩니다. 겨우 43세에 불과했고 자신의 병원을 개원한 지 1년도 채 안 되었을 때였습니다.

가정과 병원을 오가며 누구보다 열심히 살았던 그녀는 갑자기 닥친 불행을 받아들일 수 없었습니다. 너무 억울하고 세상이 원망스러워 모든 일을 손에서 놓았습니다. 한 달 동안 침대에 누워 천장만 쳐다보았습니다. 그러다가 문득 이런 깨달음을 얻었습니다. 절망하여 아무 것도 하지 않는다고 바뀌는 것은 없다는 것을 말입니다. 그리고 병이 초기 단계라 아직 할 수 있는 일이 많다는 것을 말입니다. 그녀는 침대에서 일어났습니다. 하루를 살고, 또 다음 날을 살았습니다. 그렇게 15년을 살면서 환자들을 진료하고 강의를 하고 두 아이를 키우고 여러 권의 책을 썼습니다. 《서른 살이 심리학에게 묻다》를 비롯한 많은 베스트셀러로 120만 독자의 사랑을 받은 김혜남 선생님의 이야기입니다.

병이 악화되어 치료에 전념하면서도 그녀는 여전히 새로운 인생을 꿈꾸며 살아가고 있습니다. 통증과 고통 사이에 덜 아픈 시간이 있으면 하고 싶은 일들을 합니다. 운동을 하고, 집안일을 하고, 산책을 하고, 글을 쓰고, 중국어 공부를 하는 등 삶을 충만하게 살아가고 있습니다.

1. 당신은 삶이 앞으로 얼마나 지속되기를 원하나요?

----

2. 앞서 언급한 이야기에서 어떤 교훈을 얻게 되었나요?

죽음에 대해 공부한 우리는 어떻게 살아가야 할까요?

어느덧 마지막 12강에 이르렀습니다. 죽음과 삶을 공부해 왔는데, 마지막으로 죽음을 공부한 우리가 어떻게 삶을 살아가야 할지 정리해 봅시다.

하나, 하나님으로부터 받은 생명, 어떤 자세로 살아가는 것이 좋을까요?

생명은 '살라(生)는 명령(命)'입니다. 우리는 하나님으로부터 생명을 선물로 받았으며, 이 생명을 살아가야 하는 임부를 동시에 지니고 있습니다. 그렇다면 살라는 명령에 어떤 태도로 임하는 것이 좋을까요?

첫째, 생명에 대해 존경심을 가지고 생명을 누리며 산다는 사실을 기뻐하며 살아가야 합니다. 생명에 대한 존경은 음식을 위해 사용되는 식물이나 동물에 대해서도 무책임한 행동을 하지 않는다는 것을 의미합니다. 그리고 건강에 대한 의지와 기쁘게 살아가고자 하는 의지를 일깨우며 살아가야 합니다.

둘째, 모든 생명은 하나님이 부여하신 것이라는 의식을 갖고 파괴적 상황에서는 보호하며 살아가야 합니다. 자살이나 안락사 등 생명을 다루는 문제에 대해서도 인간은 생명의 주인이 아니라는 사실을 분명히 인식해야 합니다.

셋째, 생명이 있는 동안에는 활동적인 삶을 살아가야 합니다. 하나님이 생명을 주신 이유 안에는 생명의 목적과 방향이 담겨 있습니다. 생명의 활동이 하나님의 구원하시는 활동에 참여하는 것인지, 하나님의 부르심에 합당하게 봉사하는 것인지를 잘 살피면서 행동할 필요가 있습니다.

넷째, 활동과 일 가운데 하나님이 명령하신 휴식도 있어야 합니다. 오늘날 지나치게 분주한 생활과 휴식 없는 삶은 하나님의 뜻에서 벗어난 것으로, 그리스도인들은 주일을 지키고 휴일을 적절하게 보내도록 힘써야 합니다.

둘,   우리는 시간을 어떻게 보내야 할까요?

우리는 시간 안에서 살아가고 있습니다. 칼 바르트가 말한 시간과 인간에 대한 성찰을 빌어 시간을 어떻게 보내는 것이 좋은지 살펴보려고 합니다.

첫째, 우리의 시간은 '주어진 시간'임을 명심하며 살아가야 합니다. 살면서 느끼듯이 우리의 시간이 아니며 우리의 의지와 상관없이 우리에게 왔다가 떠나고 맙니다. 우리가 시간의 주인이 아니며, 우리는 단

죽음 인문학。 워크북

지 시간 안에서 살아가고 있을 뿐입니다.

둘째, 우리의 시간은 '할당된 시간'입니다. 우리 각 사람은 제한된 삶을 살아가고 있습니다. 인간은 자기 사명을 이루기에 충분한 시간을 하나님께 할당받아 살고 있는 것입니다.

셋째, 모든 사람에게는 '시작하는 시간'이 있습니다. 이 시작하는 시간은 사람이 어디로부터 왔는지를 알려줍니다. 사람은 무에서 생겨난 것이 아니라 하나님으로부터 이 세상에 와서 시간 안에서 살아가기 시작했습니다.

넷째, 모든 사람은 '끝나는 시간'을 맞게 될 것입니다. 우리가 살아가는 시간의 끝에는 죽음이 기다리고 있고, 하나님도 끝에서 우리를 기다리고 계십니다. 우리가 죽을 때도 하나님은 여전히 살아계시며 우리를 위해 계십니다.

인간은 예수 그리스도가 인간의 죽음을 짊어지셨고 부활하셨기에 그분으로부터 우리의 부활과 생명을 기대할 수 있습니다. 예수의 성육신, 십자가의 죽음, 부활은 육신의 생명이 가치 있고, 영원한 생명과 연결되어 있고, 구체적인 인격 안에서 영원과 만날 수 있음을 보여 줍니다. 이렇듯 우리는 영원하신 하나님이 주신 시간 안에서 삶을 명령받아 살아가고 있습니다.

셋, 성공적인 삶은 죽음에 대한 대답을 가지고 살아가는 것입니다!

살아있는 모든 생명은 관계 속에서 살아가고 있습니다. 관계는 존재하는 것을 생명 되게 해줍니다. 생명적 관계를 맺기 위해서는 그 속에 죽음의 역사가 있어야 합니다. 날마다 죽으면서 회개하고 돌이키면서 살아갈 때 더욱 풍성한 삶이 자리하게 됩니다. 이렇게 볼 때 삶은 죽음의 가치를 알아감으로써 더 큰 생명을 누린다는 것을 알 수 있습니다. 죽음을 통해 삶을 바라보는 시야를 갖게 되면 온 땅에 죽음이 충만한 동시에 생명이 충만한 세계를 보게 됩니다.

오늘 우리는 관계 속에서 살아가며 생명을 나눌 뿐 아니라 장차 더 나은 생명이 있음을 바라보아야 합니다. 나이를 먹고 늙어가는 것을 후퇴와 쇠락으로 볼 것이 아니라 더 큰 생명에 참여하러 나아가는 완성의 과정으로 인식해야 합니다.

인간으로 살아가며 누구나 서게 되는 끝점, 죽음 앞에서 사람은 자신이 누구인지를 진정으로 알게 됩니다. 그 마지막 시간에 우리는 생명과 시간의 주인 앞에 서게 됩니다. 그러므로 성공적인 삶은 죽음에 대한 대답을 가지고 살아가는 삶입니다. 살아가는 동안 '어디서 와서, 무엇을 하다가, 어디로 가는가?'에 대해 질문해야 하고, 이 질문을 회피하지 않고 그 답을 적극적으로 찾으며 소망 가운데 살아가야 합니다. 이들 질문 가운데 살아 있는 것들을 사랑하며, 사랑하기 위해 죽으며, 죽음을 넘어서는 생명을 경험하며, 더 큰 생명으로 나아가는 삶이 되기를 소망해야 합니다.

1. 앞에서 언급한 삶에 대한 네 가지 태도 중 당신이 '가장 잘하고 있는 것'과 '가장 부족한 것'은 무엇인가요?

----

2. 죽음을 공부하기 전 '시간'에 대해 어떤 태도를 가졌는지 생각해 봅시다. 그것은 지금 죽음 공부를 한 후 시간에 대해 갖게 된 태도와 어떤 차이가 있나요?

----

3. 지금 '어디서 와서, 무엇을 하다가, 어디로 가는' 삶을 살아가고 있습니까? 지금 이 자리에서 말할 수 있는 대답을 써 봅시다.

성경 속 주제 듣기

죽음의 때를 의식하며 삶을 충만하게 살아가요!

세상에는 지식과 지혜가 넘쳐나고 있습니다. 세상의 쏟아지는 정보들 가운데서도 충만한 생명으로 살아가게 하는 지혜는 죽음을 통해 배우는 지혜라고 해도 과언이 아닐 것입니다. 성경은 우리에게 죽음을 알고 삶을 바로 살아가기를 원하는 자로 하나님 앞에 서라고 말씀합니다.

3. 주께서 사람을 티끌로 돌아가게 하시고 말씀하시기를 너희 인생들은 돌아가라 하셨사오니

10. 우리의 연수가 칠십이요 강건하면 팔십이라도 그 연수의 자랑은 수고와
슬픔 뿐이요 신속히 가니 우리가 날아가나이다

12. 우리에게 우리 날 계수함을 가르치사 지혜로운 마음을 얻게 하소서

/ 시편 90:3, 10, 12

1. 사람의 생명은 어디서 와서 어디로 갑니까? (3절)

----

2. 사람들이 몇 년 살다가 세상을 떠나든지 간에 살아온 세월에 대해 어
떤 고백을 하곤 합니까? (10절)

----

3. 죽음에 대해 생각하며 인생의 한계에 대해 인식하는 것은 사람에게
어떤 깨달음을 가져다 줍니까? (12절)

죽음 인문학. 워크북

정리해 봅시다

1. 생명은 하나님이 주신 '살라는 명령'입니다. 우리는 생명을 소중하게 여기고, 생명을 부여하신 하나님을 기억하면서 자신의 생명을 보호하며 살아가야 합니다. 생명이 있을 동안 목적과 방향이 담긴 활동적인 삶을 살아갈 뿐 아니라 그 속에 하나님이 명령하신 휴식도 취해야 합니다.

2. 우리는 시간의 주인이 누구이신지 알고 시간 안에서 살아가야 합니다. 우리에게는 하나님으로부터 자기 사명을 이루기에 충분할 정도의 시간이 할당되었습니다. 모든 사람은 시작하는 시간과 끝나는 시간 안에서 살아가고 있습니다.

3. 죽음을 인식하며 삶을 바라보면 온 땅에 죽음과 생명이 충만합니다. 성공적인 삶은 죽음에 대한 대답을 가지고 살아가는 것입니다. 그런 삶은 관계 속에서 날마다 죽고 회개하면서 생명력을 더하고, 더 큰 생명으로 나아가게 합니다.

마음과 글로 드리는 기도

내 생명과 내가 아는 생명들이 죽음을 통해 배우는 지혜로운 삶을 살아가도록 글로 써서 기도합니다.

- -

진행을 위한 가이드

1강. 왜 죽음을 생각해야 할까요?

이 강의 목표

죽음은 세상의 가장 보편적 원리입니다. 죽음을 회피하지 않고 인식할 때 삶의
가치를 분명하게 느끼며 후회 없이 살 수 있고 인생을 전체적으로 볼 수 있습니
다. 또한 죽음을 생각함으로써 삶의 지혜를 만날 수 있습니다.

주요 개념	더 깊은 이해를 위한 참고자료
죽음을 생각해야 하는 이유	《죽음 인문학》, 16-24쪽

마음을 여는 이야기

1. 위의 이야기는 죽음을 외면하며 살아가는 사람과 죽음을 인정하며 살
   아가는 사람 사이에 어떤 큰 차이가 있다고 말해줍니까?

   죽음을 외면하고 인정하지 않은 채 살아가는 사람은 진정한 의미에
   서 볼 때 눈이 먼 사람이라고 볼 수 있습니다. 반면에 죽음을 인정하
   고 수용하면 비로소 세상을 바로 보면서 살게 된다고 말해줍니다.

2. 당신이 죽을병에 걸린 사실을 가족들이 먼저 알게 되었다고 상상해

봅시다. 당신은 가족들이 그 사실을 어떻게 하기를 원하고, 그 이유는

무엇입니까?

>Tip 각자 자유롭게 자신의 입장을 말해 봅시다.

현대인 대부분은 죽음 문제에 대해 눈을 감고 생각하지 않으려는 경향이 있습니다. 죽음에 대한 이야기를 꺼내는 것이 자연스럽지 않고, 오히려 금기시되는 분위기입니다. 이로 말미암아 진정으로 눈을 뜨고 삶을 잘 살아갈 수 있는 지혜가 가로막혀 있다는 사실을 깨달아야 합니다.

주제 만나기

죽음을 생각해야 하는 이유

1. 앞으로 인생에 일어날 일들 중 가장 중요하고 확실한 일은 무엇입니까?

나의 죽음, 지금 함께 살아가고 있는 사람들의 죽음입니다.

----

2. 죽음을 의식한다면 지금 내 삶에서 다르게 보고 다르게 생각되는 일

에 어떤 것이 있나요?

>Tip 각자 자신의 이야기를 자유롭게 나눠 봅시다.

"자녀교육 방법을 다시 생각해 보고 싶다. 내가 떠난 뒤 자녀의 삶

죽음 인문학。워크북

에 진정으로 중요한 것이 무엇인지 가르치고 싶다." "시간 개념을 달리 느끼게 된다. 지금 많은 시간을 할애하는 일이 정말로 내 삶에 중요한 것인지 생각해 보게 된다." "함께 살아가는 사람에 대해 애틋한 마음이 든다. 모든 만남과 나눔이 한시적이라는 생각을 하면 모든 것이 절실하게 와닿는다."

3. 당신은 죽음 뒤에 무엇이 있다고 생각합니까? 그 생각은 오늘을 어떻게 살아가야겠다는 마음을 불러일으킵니까?

Tip 질문에 대한 자신의 생각을 서로 나눠 봅시다.

"요즘 사느라 바빠서 천국을 향해 살아가는 존재라는 사실을 잊고 지냈다. 죽음 이후를 떠올리면 인생이 그럭저럭 지나갈 거라 여겼던 생각을 멈추게 된다." "죽음 후에 심판과 영생의 길이 있다는 생각을 되새기게 된다. 지금 삶에 대한 계획, 노후 계획뿐 아니라 죽음 이후를 위한 계획과 그 계획을 실천하기 위해 삶을 조정해야 할 것 같다." 등

독일의 철학자인 마르틴 하이데거(Martin Heidegger)는 "우리는 태어나면서부터 죽을 만큼 충분히 늙었다"라는 말을 남겼습니다. 우리는 미래에 대한 갖가지 불확실성에 둘러싸여 살아가고 있지만 가장 확실한 미래는 모든 인생은 죽음에 직면하게 된다는 것입니다. 죽음은 나의 일이자 우리 모두의 일이기에 죽음을 알지 못하면 삶의 참된 모습을 만날 수 없습니다. 죽음생각은 지금 살아가고 있는 삶과 의미를 최고로 느끼며 살아가도록 이끌어 줍니다. 그리고 죽음 이후를 준비하도록 삶의 전체적인 맥락에서 방향과 목적을 바로 잡게 안내해 줍니다. 이 책을 공부해 나가면서 과거에 어딘가에서 들었던 죽음에 대한 단편적인 생각이 아니라 다양한 죽음이해를 진지하게 비판적으로 수용하면서 기독교적 죽음이야기를 구체적으로 정립해 나가기를 바랍니다.

성경 속 주제 듣기

죽음을 생각하는 것이 얼마나 중요한지요!

1. 위의 말씀은 무엇을 선택하는 삶이 지혜로운지를 가르쳐 주고 있습니다. 지혜로운 사람은 두 가지 대조되는 것들 중에 어떤 것을 선택합니까?

	지혜로운 사람	어리석은 사람
1절 상반절	**좋은 이름**	좋은 기름
1절 하반절	**죽는 날**	출생하는 날
2절	**초상집**	잔칫집
3절	**슬픔**	웃음

죽음 인문학, 워크북

2. 초상집은 죽음의 진지함이 묻어나는 곳입니다. 당신은 장례식장에서 지혜를 만난 경험이 있습니까?

"그렇게 권력과 부를 누리던 사람도 모든 것을 내려놓고 죽는구나. 다 두고 떠날 인생인데 다른 사람들을 더 사랑하고 품어주며 살아야겠다." "갑작스러운 고인의 죽음에 남은 가족들이 너무 안타까워 보였다. 가족들과 시간을 더 보내며 좋은 기억을 만들고 싶다." 등

3. 만약 7년 후에 죽음을 맞게 된다면 주어진 7년을 어떻게 보내고 싶나요? 죽음을 앞두고서 '죽음을 맞기 전 7년간의 삶' 이력서를 사랑하는 이들에게 보여주며 이야기를 들려준다고 상상하면서 아래의 이력서를 작성해 봅시다..

> **Tip** 이력서를 7년 전, 6년 전, … 1년 전, 하루 전 등 먼 시간에서 시작해 가까운 시간에 이르기까지 무엇을 하며 어떻게 보냈는지 삶의 이력을 작성합니다. 그리고 시간이 있을 때 전체 또는 일부 작성한 이력서를 나눠 봅시다.

제시된 성경 말씀을 통해 이 강의 제목인 "왜 죽음을 생각해야 할까요?"에 대해 되새기도록 안내합니다. 전도서의 말씀은 지혜로운 사람과 어리석은 사람을 명확히 대조하면서 삶의 진정한 지혜를 얻는 자리가 어디인지를 밝혀 줍니다. 이렇듯 죽음생각은 인생의 가장 중요한 인생 공부입니다.

정리하며 기도하기

1. 전체 내용을 간략하게 정리한 '정리해 봅시다'의 글을 읽어 봅시다.

2. "마지막에 웃는 자가 승리자이다"라는 말이 있습니다. 우리에게는 어떻게 살아 왔는가 하는 문제보다 어떻게 살아가고 죽을 것인지에 대한 문제가 더 중요합니다. 1강을 마치면서 '나, 이대로 가도 되는가?'를 스스로에게 질문하며 "저에게 아름다운 죽음을 주옵소서!"라는 기도를 글로 써서 드립니다.

죽음 인문학 。 워크북

2강. 역사적으로 죽음은 어떻게 이해되었을까요?

이 강의 목표

고대, 근대, 현대의 죽음이해를 역사적으로 살펴봅니다. 그리고 죽음에 대한
수많은 이론이 난무하는 이 시대에 교회와 그리스도인들은 기독교적인 올바
른 죽음이해를 가져야 함을 강조합니다.

주요 개념	더 깊은 이해를 위한 참고자료
죽음이해의 역사	《죽음 인문학》, 25-47쪽

마음을 여는 이야기

1. 가까운 지인에게 핸드폰으로 "죽음이 어떤 것이라고 생각해?"라는 질
   문 문자를 발송해 봅시다. 1분 내 도착하는 답장으로 서로 이야기를 나
   눠 봅시다.

   Tip 답장을 받는 대로 서로 이야기를 나누면서 주변 사람들의 죽음에 대한 이
   해가 어느 정도인지 살펴봅시다.

   "글쎄, 모든 것이 끝나는 때가 아닐까…." "죽음은 천국과 지옥이
   결정되는 때 아닌가…." "죽음, 그것이 문제로다!" "갑자기 왜 이런
   문자를 보내는 거야?" 등

2. 죽음은 의식적이든 무의식적이든 우리의 삶을 지배하고 있습니다. 다음 글을 읽고 느낀 소감을 이야기해 봅시다.

> **Tip** 서로의 소감을 진솔하게 나누도록 안내합니다.

"죽음 문제가 인간의 삶에 오랫동안 지대한 영향을 미치는 주제였다는 생각이 든다." "이렇게까지 생각해 본 적이 없었는데, 지금 보니 그런 것 같다." "종교, 철학, 예술, 영웅이라! 죽음을 이해하고자 하는 많은 씨름이 있었네." 등

그림에 나오는 사람들은 각각 쾌락주의, 금욕주의, 실존주의의 죽음이해를 표현하고 있습니다. 인간은 이 세상에 존재하면서부터 자기 존재에 대해 묻고 확인하며 죽음의 문제를 이해하고자 씨름해 왔습니다. 주제 만나기에서 다루는 역사적인 죽음이해를 통해 구체적인 죽음이해의 시도들을 만날 수 있습니다.

주제 만나기

죽음이해의 역사를 살펴볼까요?

1. 교회가 현실세계를 전부로 여기지 않고 죽음 후의 내세를 보다 충실하게 가르친다면 성도들의 삶에 어떤 변화가 나타날까요? 그리고 이런 가르침은 요즘 당신의 삶에서 어떤 점을 수정하고 조정할까요?

> **Tip** 서로의 생각을 자유롭게 나눠 봅시다.

죽음 인문학。 워크북

"교회에서 죽음 후 만나게 되는 내세에 대해 더 구체적으로 배운
다면 아무래도 죽음 이후에 대해 많은 생각을 하게 될 것 같다. 그
러면 눈앞에 놓인 삶을 살 때도 죽음 이후를 의식하며 살게 되고,
좀 더 의미 있는 삶을 살기 위해 노력할 것 같다." "천국에 대한 신
앙을 더 강하게 품고 살아갈 것 같다. 그러면 중요한 것과 덜 중요
한 것을 구분하게 되고, 가족에게 신앙의 중요성을 더 많이 얘기하
며 말씀대로 살아야 한다고 말할 것이다." 등

2. 철학과 종교는 죽음과 어떤 관계가 있다고 생각합니까?

철학과 종교는 모두 죽음을 극복하려는 시도입니다. 철학은 신의
도움 없이 죽음을 극복하려는 것이고, 종교는 신의 도움으로 죽음
을 극복하려는 시도입니다. 그런데 이제는 죽음 극복보다는 삶의
방법을 다루는 것으로 변한 것 같습니다.

3. 레이먼드 무디는 근사체험을 했다는 사람들의 이야기를 모아서 《삶
이후의 삶》을 출간하기도 했습니다. 당신은 근사체험에 대해 어떻게
생각하나요?

　Tip 그룹 구성원들과 근사체험에 대한 생각을 자유롭게 나눠 봅시다.

"영화나 드라마에서 그런 장면을 많이 봐서 자연스럽게 받아들이
고 있다." "사후세계를 보고 왔다는 사람들의 말에 의심이 먼저 든
다. 그들의 말처럼 과연 사후세계를 있을까 하는 생각이 드는 것이
사실이다." "근사체험 연구가 과학적 방법을 취하고 있으므로 죽음

공부에 중요한 자료 중 하나라고 생각한다. 이때 근사체험자들의

얘기를 비판적으로 받아들일 필요가 있다." 등

오늘날 죽음학 연구와 죽음 교육은 다양한 분야의 여러 전문가가 참여해서 종합적으로 연구하며 그 교육을 실천에 옮기고 있습니다. 그리고 각 종교도 죽음에 대한 자신들의 입장을 알리기 위한 노력을 경주하고 있습니다. 바야흐로 지금은 죽음이해의 춘추전국시대라고 할 수 있습니다. 이런 때일수록 기독교의 죽음이해를 잘 정립하고 살아가야 합니다.

성경 속 주제 듣기

기독교적 죽음이해를 바르게 회복해야 해요!

1. 위의 말씀은 예수님이 이 세상에 오신 목적을 무엇이라고 합니까?

   예수님은 이 세상에 섬기기 위해 오셨고, 자기 목숨을 많은 사람의 대속물로 주려고 오셨습니다.

2. 예수님이 보여주신 죽음과 부활이 중요한 것은 우리에게 약속이기 때문입니다. 당신은 이 약속에 어떤 의미로 연결되어 있습니까?

   예수님이 우리 죄를 대속하기 위해 십자가에서 죽으셨고, 그 후 죽

죽음 인문학。워크북

음을 죽이고 부활하셨기에 우리는 예수 안에서 죽고 부활할 수 있습니다.

3. 예수님은 자신의 죽음을 알고 계셨으며, 의식하고 계셨고, 때로는 두려워하기도 하셨습니다. 그러나 죽음에 대해 필요 이상으로 두려워하지 않았고 신비화하지도 않으셨습니다. 의연하게 죽음을 맞이하셨고 "다 이루었다"고 말씀하셨으며, 부활하셨습니다. 예수님이 가신 길을 따라가는 당신은 죽음을 맞이할 때 "나는 이 땅에 무엇을 하러 왔다가 가노라"는 말을 남기고 싶습니까?

Tip 한 문장으로 자신의 삶의 목적과 의미를 표현해 봅시다.

"나는 하나님이 주신 은사로 사람들을 섬기며 하나님의 자녀로 살다가 가노라!" "세월이 흐를수록 주님의 구원과 은혜를 더 많이 경험하고 가노라!" 등

예수님은 죽기 위해 이 세상에 오셨습니다. 죽음에 대해 예수님이 보여주신 자세와 그분의 삶은 죽음 문제에 대해 이해하고자 씨름하는 우리에게 해결의 길을 제시해주고 있습니다. 예수 안에서 죽는 자는 예수 안에서 살 수 있습니다. 예수님의 죽음은 오늘날 세상이 죽음을 더 잘 이해할 수 있는 통로입니다.

정리하며 기도하기

1. 전체 내용을 간략하게 정리한 '정리해 봅시다'의 글을 읽어 봅시다.

2. 예수님이 말씀하신 "인자가 온 것은 ⋯ 자기 목숨을 많은 사람의 대속물로 주려 함이니라"는 말씀에 비추어 어떻게 살다가 죽음과 부활에 참여하기를 원하는지 자신의 기도문을 써 봅니다. 자신이 쓴 기도문을 집으로 가지고 가서 잘 보이는 곳에 붙이고 시간 날 때마다 읽어 봅니다.

죽음 인문학。워크북

3강. 인간은 왜 죽을까요?

이 강의 목표

세상과 인간은 죄 때문에 신음 상태에 놓여 있는데, 죽음의 원인이 죄에 있음을 알려주는 기독교의 죽음이해를 살펴보고자 합니다.

주요 개념	더 깊은 이해를 위한 참고자료
인간은 죄로 인해 죽는 존재	《죽음 인문학》, 89-90, 101-103, 148-149, 165-168, 327-332쪽

마음을 여는 이야기

1. 하나님이 사람에게 허락하신 자유와 한계는 무엇입니까?

하나님은 비옥한 에덴동산의 모든 열매를 자유롭게 먹고 창조하신 모든 생물을 다스리고 지키라고 말씀하셨습니다. 자유의 한계는 동산 중앙의 선악과 열매만 먹지 말라고 금지하신 것이었습니다. 하나님은 선악과 열매를 먹으면 반드시 죽으리라고 예고하셨습니다.

2. 한 초등학생이 질문했습니다. "사람은 왜 죽는 거예요?" 당신은 이 아

이에게 어떤 대답을 해주고 싶습니까?

> Tip 초등학생 아이가 이해할 수 있는 문장으로 사람이 죽는 이유를 각자 말
> 해 봅시다.

'에덴동산에서 있었던 일'에 대해 이야기를 나누면서 인간이 죽는 이유를 미리 결론지어 말하지 않도록 합니다. 에덴동산의 이야기를 통해 다양한 생명이 하나님께로부터 왔고, 자유로운 청지기로 살아가되 한계가 있었지만 그 한계를 넘어선 죄로 말미암아 죽음이 인생에게 들어왔다는 것을 가볍게 다룹니다. 초등학생이 한 질문에 대해 각자 자신이 죽는 이유를 어떻게 생각하고 있는지 이야기하고, 주제 만나기에서는 여러 가지의 죽음이해 입장을 살펴봅시다.

주제 만나기

인간은 왜 죽을까요?

1. 당신은 인간이 죽는 이유를 무교의 입장에서 표현하는 드라마나 영화를 본 적이 있습니까? 어떤 장면이 그랬습니까?

> Tip 각자 자신이 매체를 통해 본 장면을 자유롭게 이야기해 봅시다.

저승사자가 찾아와서 천수를 다했다고 얘기하는 장면, 자식들 앞
에서 숨을 거두기 전 천수를 다했다고 말하는 장면 등

죽음 인문학。 워크북

2. 힌두교와 불교에서는 죽음을 통해 윤회할 것인지, 해탈할 것인지가
   무엇에 따라 결정된다고 말합니까?

   자신이 행한 행위의 결과에 따라, 선악에 따라 윤회를 거칠 것인지
   윤회에서 벗어나 해탈할 것인지가 결정된다고 말합니다.

3. 기독교가 고백하는 인간이 죽는 이유를 간략하게 말해 봅시다.

   최초의 인간은 하나님께 무한한 자유를 허락받았습니다. 다만 하
   나님은 선악과 먹는 것을 금하셨는데, 인간은 그 한계를 넘으면 죽
   게 되리라는 하나님의 말씀에도 선악과를 먹는 죄를 지었습니다.
   그 죄로 말미암아 예고된 대로 인간은 죽을 운명에 처하게 되었습
   니다. 이를 통해 우리는 죄 때문에 신음하고 죽음에 이르는 인간의
   실체와 마주하게 되었습니다.

다양한 종교는 인간의 죽음 문제를 해석해주고 있습니다. 그들 입장 가운데 기독
교는 인간의 죄와 죽음의 관계를 가장 심각하게 다루고 있습니다. 죄는 하나님이
창조하신 원래의 목적에서 이탈한 것입니다. 그래서 하나님이 원하시는 모습대로
살 수 없게 되었습니다. 결국 인간은 죄로 말미암아 죽을 운명에 처해지고, 자기
존재의 의미를 상실하거나 생명을 지키지 못하게 되었습니다.

인간을 죽음에서 구원하고 해방시키는 길이 있어요!

1. 위의 말씀에서 인간 실존은 어떠하며, 하나님의 뜻은 어디에 있습니까? (15절)

한평생 죄와 죽음의 종이 되어 살아갈 수밖에 없는 인간 실존을
보시며 하나님은 그곳에서 벗어나 구원을 얻게 하려고 하십니다.

2. 죄로 인해 신음하며 죽음에 이르게 될 인간을 구원하고 해방시키는 길은 무엇입니까? (18절)

친히 시험을 받고 십자가의 고난을 담당하신 예수 그리스도를 통
해 구원과 해방을 얻을 수 있습니다.

3. 아래 이정표를 보면서 '죄로 향하는 길'과 '하나님께로 향하는 길'에 해
   당되는 삶의 목록을 적어 봅시다. 구체적으로 쓰면서 자신이 처한 현
   실과 대면해 봅시다.

'죄로 향하는 길'

1. 원하는 이익을 얻기 위해
   눈 가리고 아웅 하듯 처리
   했던 일

2. 하나님이 기뻐하시지 않을
   선택임을 직감했으면서도
   밀어붙였던 일

3. 상처 주는 행동인 줄 알면
   서도 자신의 욕구를 앞세
   웠던 일

'하나님께로 향하는 길'

1. 하나님의 말씀이 가르쳐주
   시는 뜻과 가치를 마음에
   품고 따르는 일

2. 있는 그대로 받아들이며
   사랑하며 함께 지내는 일

3. 하나님께 갈 바를 묻고 구
   하며 행하는 일

앞서 제시된 히브리서의 말씀은 죽음에 대한 그리스도의 사역을 언급하고 있습니다. 죄로 말미암아 신음하며 죽을 수밖에 없는 인간과 자연을 향해 죄의 종에서 해방되고 구원하는 일을 하신다는 메시지를 전해주고 있습니다. 이제 우리는 적극적으로 죄로 향하는 길에서 돌아서서 그리스도 안에서 하나님께로 향하는 길을 살아가야겠습니다.

정리하며 기도하기

1. 전체 내용을 간략하게 정리한 '정리해 봅시다'의 글을 읽어 봅시다.
2. 죄로 말미암아 신음하며 죽음에 이르는 인간 실존을 대면하고, 하나님과 우리를 멀어지게 하는 죄와 그 죄의 밑바탕에 자리한 교만에 대해 회개하는 기도문을 작성합니다. 각자 쓴 기도문을 가지고 기도한 후 마칩니다.

4강. 인간은 왜 죽음을 극복하려고 몸부림칠까요?

이 강의 목표
인간은 죽음을 극복하려는 다양한 노력을 하며 살아왔습니다. 죽음을 극복하기 위해 몸부림치는 것은 인간이 하나님의 형상을 지닌 존재로서 영원 지향성, 신성 지향성, 사랑 추구, 다스림의 속성을 지니고 있기 때문입니다.

주요 개념	더 깊은 이해를 위한 참고자료
하나님의 형상으로 창조된 인간	《죽음 인문학》, 104-116, 173-175쪽

마음을 여는 이야기

1. 길가메시가 영원히 살기 위해 사용한 방법은 무엇입니까?

자신의 모험담을 담은 영웅 이야기를 만들고 자신의 생을 기리는 기념비를 건축해 후세까지 많은 사람이 자신을 기억하도록 했습니다.

2. 당신이 생을 마치고 죽게 되었을 때 장례식에 온 사람들이 어떤 말을 했으면 좋겠습니까?

　Tip 각자 듣기 원하는 말을 나눠 봅시다.

"이 사람과 이별하는 것이 너무 아쉽고 슬프다." "세상을 밝히던 한 인물이 가고 나니 세상 한쪽에 어둠이 온 것 같다." "지난 시절 멋진 추억을 함께한 사람이 죽음도 아름답게 맞았구나." 등

가까운 친구의 죽음을 목격하고 죽음을 피하는 방법을 모색하기 위해 온 세상을 헤맨 길가메시의 이야기는 죽음을 극복하고자 몸부림쳤던 인간의 모습을 압축해 보여줍니다. 결국 영웅 이야기를 통해 간접 영생을 추구했던 결말은 오늘날까지 곳곳에서 이루어지고 있는 죽음을 극복하기 위한 방법 중 하나입니다.

주제 만나기

죽음을 극복하려는 인간의 시도

1. 오늘날 사람들은 도교의 시도들처럼 건강을 잘 관리하여 죽음을 극복하고자 많은 노력을 하고 있습니다. 당신이 직간접적으로 경험한 사례를 한두 가지 이야기해 봅시다.

   Tip 주변의 사례와 자신이 실천하고 있는 노력에 대해 이야기를 나눠 봅시다. 각종 건강식품과 보약 복용하기, 건강한 식생활과 생활습관 갖기, 규칙적인 운동 즐기기 등

죽음 인문학. 워크북

2. 효와 제사를 중시하는 유교 문화의 밑바탕에 자리하고 있는 욕구는
   무엇입니까?

   후손들의 효와 제사를 통해 죽음 이후 소멸되지 않고 간접적으로
   영원히 살고자 하는 욕구가 자리하고 있습니다.

3. 불교도들의 해탈에 대한 몸부림을 보거나 들은 경험이 있습니까? 왜
   그토록 해탈을 향해 씨름한다고 생각합니까?

   > **Tip** 그룹 구성원들과 자신이 직간접적으로 겪은 해탈하기 위한 수행 이야기
   > 를 나눠 봅시다. 고통에서 벗어나고 죽음과 윤회에서 해탈하고자 씨름
   > 하는 인간의 모습, 해탈을 통해 열반에 이르고자 하는 욕구를 조명하
   > 여 이야기를 나눠 봅시다.

   싯다르타는 힌두교의 수많은 의식과 희생제사를 거부한 채 중도
   의 길을 제시하며 윤리와 실천을 중요시했습니다. 싯다르타가 제
   시한 고통에서 벗어나 해탈하여 깨달음의 경지인 열반의 세계로
   나아가기 위해 사성제(고제 · 집제 · 멸제 · 도제)를 전제로 팔정도(정
   견 · 정사유 · 정어 · 정업 · 정명 · 정정진 · 정념 · 정정)를 실천 수행해야 한
   다고 말합니다.

직간접적으로 경험한 건강관리를 통한 죽음 극복 방법에 대해 이야기를 나누다 보면 얼마나 다양한 방법으로 죽음의 세력을 몰아내고 삶을 추구하고자 노력하는지 알게 될 것입니다. 그리고 유교의 제사의식, 불교도의 해탈을 위한 수련 등을 살펴보면서 보편적으로 인간에게 깊이 자리하고 있는 죽음을 넘어 영원한 생명을 향하고 있는 속성을 발견할 것입니다. 이런 점을 확인하고 나서 성경 속 주제 듣기를 통해 그 이유를 만나도록 안내합니다.

성경 속 주제 듣기

죽음을 극복하려는 이유: 하나님의 형상대로 창조된 인간

1. 사람은 누구를 닮은 모습으로 창조되었습니까?

　　하나님의 형상
　　- - - - - - - - - - - - - -

2. 하나님의 형상은 다음 네 가지 요소로 요약할 수 있습니다. 각 요소와 그 설명에 해당하는 문장을 연결해 봅시다.

ㄱ 영원지향성　　　　　　　　ⓐ 신과의 관계를 끊임없이 추구하고 신적 존재가 되기를 원한다

ㄴ 신성지향성　　　　　　　　ⓑ 죽음 후에도 기억되고 영생하기를 갈망한다

ㄷ 사랑(아가페) 추구　　　　　ⓒ 상호인격적인 교제를 원한다

ㄹ 다스림의 성격　　　　　　　ⓓ 다스리려 하고 책임질 줄 안다

　　　　　　　　　　　　죽음 인문학。워크북

3. 기독교의 입장에서 볼 때 인간은 피조물이며 죄인이지만 존귀한 신분입니다. 그 이유를 시편 8편 4-5절에서 찾을 수 있는데, 이 말씀을 찾아서 써 봅시다.

"그를 하나님보다 조금 못하게 하시고 영화와 존귀로 관을 씌우셨나이다."

4. 인간의 존엄성은 하나님으로부터 유래됩니다. 하나님의 형상대로 지음 받은 우리 안의 본성을 실현하기 위해 어떻게 살아가고 싶습니까? 하나님의 형상을 이루는 요소들을 살려 구현하고 싶은 삶의 모습을 그림으로 표현해 봅시다.

Tip 각자가 자신이 살고자 하는 삶의 모습을 그려 보고 이야기를 나눕시다.

자유로우면서도 책임을 갖고 살아가는 모습, 부모로서 자녀들에게 좋은 신앙 유산과 정신적 유산을 남기고자 노력하는 모습, 하나님과의 관계를 충만하게 누리며 살아가는 모습, 하나님과의 교제를 통해 사랑을 실천하며 살아가는 모습 등 인간에게 주어진 하나님의 형상 때문에 우리는 삶 가운데서 죽음을 극복하기 위해 처절히 몸부림치며 살아가고 있습니다. 하나님의 형상의 네 가지 요소, 즉 영원지향성, 신성지향성, 사랑 추구, 다스림의 성격 등을 삶 가운데서 잘 구현하며 살아가도록 도와야 합니다. 칼 바르트는 인간이 하나님께로 가는 길이 종교이고, 하나님이 인간에게 오는 길이 복음이라고 말합니다. 종교를 통한 죽음 극복의 시도, 복음을 통한 죽음의 답을 생각하며 하나님의 형상을 구현하는 구체적인 삶을 모색해야 합니다. 이는 하나님 안에서 영생을 추구할 것이냐, 아니면 하나님 없이 영생을 찾을 것이냐의 문제입니다.

정리하며 기도하기

1. 전체 내용을 간략하게 정리한 '정리해 봅시다'의 글을 읽어 봅시다.
2. 하나님의 형상대로 지음 받은 자신이 영원지향성, 신성지향성, 사랑 추구, 다스림의 성격을 삶 가운데 어떻게 드러내며 살고 있는지 성찰하면서 회개와 기원을 담은 기도의 글을 써 봅시다. 각자가 쓴 기도문을 가지고 기도한 후 마칩니다.

5강. 성경은 죽음을 이렇게 말한다!

이 강의 목표

죽음은 생물학적 현상 이상이며, 창조주 하나님이 이 땅에 보내신 인간을 오라고 부르시는 것입니다. 기독교적 죽음이해에서 볼 때 그리스도인은 죽음 자체를 두려워할 것이 아니라 죽음으로 대면하게 될 하나님을 받아들이는 것이 중요합니다.

주요 개념	더 깊은 이해를 위한 참고자료
성경적인 죽음의 정의	《죽음 인문학》, 327-332쪽

마음을 여는 이야기

1. 위의 유머는 천국에 가기 위해서는 죽음을 통과해야 한다는 간단한 진실을 마주하게 합니다. 오늘을 살아가는 우리에게 죽음은 어떤 감정을 느끼게 합니까?

> **Tip** 각자 죽음에 대해 어떤 감정을 느끼고 있는지 그룹 구성원들과 이야기를 나누도록 안내합니다.

"지금은 아직 멀게 느껴진다." "아래층에 살다가 죽으면 위층으로 옮겨지는 것이라고 생각한다." "자연스러운 것으로 받아들이고 있다." "죽음은 생각하고 싶지 않은 공포감을 준다." 등

2. 만약 죽어서 하나님을 대면하게 된다면 그 광경이 어떠할지 상상해
  봅시다.

> **Tip** 죽음 이후 있을 하나님과의 대면을 향한 자신의 감정과 생각을 탐색하
> 며 나누어 봅니다.

"지금의 육신과 다른 몸, 부활의 몸이 되어 하나님을 만날 것 같
다." "하나님 앞에 다가가기에 부족함을 느끼며 고개를 숙이며 걸
어갈 것 같다." "하나님을 만나는 것이 기뻐 달려가서 안길 것 같
다." 등

그리스도인으로서 천국에 대한 소망을 자연스럽게 품고 있으면서도 정작 죽음 앞
에서는 두려움과 주저함을 느끼는 경우도 많습니다. 기독교적 죽음, 성경을 통해
만나는 죽음을 통해 막연한 공포를 느낄 것이 아니라 하나님의 부르심에 다시 돌
아가 하나님을 만나는 시간임을 확인합니다.

주제 만나기

성경이 말하는 죽음 이야기

1. 하나님과의 관계에서 죽음을 생각하는 사람과 그렇지 않은 사람은 삶
  과 죽음에 대해 어떤 차이를 보여 줍니까? 사례가 있다면 함께 나눠
  봅시다.

죽음 인문학 · 워크북

Tip 세상 사람들은 죽음에 대해 시작이 있듯 끝도 있는 것이라며 자연스러운 사건으로 여깁니다. 그러나 그리스도인은 하나님으로부터 생명을 얻어 세상에 살다가 죽음으로 하나님께로 돌아가는 것이라고 생각하고, 죽음 후에는 하나님과 대면하게 되고 심판과 천국과 지옥이 있음을 고백합니다. 세상 사람들은 이 세상의 삶을 전부로 생각하며 살아가지만 그리스도인은 삶과 죽음, 영생이라는 전체를 의식하며 살아갑니다. 하나님 안에서 삶과 죽음, 영생에 대한 신앙의식을 갖고 살아가는 주변 사람의 사례를 찾아 이야기를 나눠 봅시다.

2. 죽음 후에 하나님과 대면하기 위해 준비해야 할 것이 무엇이라고 생각합니까?

Tip 각자 자신이 생각하는 구체적인 준비 항목, 전체적인 준비 항목 등에 대해 이야기를 나눠 봅시다.

하나님이 말씀으로 가르쳐주시는 뜻과 가치를 품고 살아가기, 믿지 않는 가족이나 지인들이 믿음생활을 할 수 있도록 힘쓰기, 미움과 벽으로 쌓인 관계를 풀어가는 숙제 해결하기 등

3. 죽음을 두려워하지 않고 오히려 사모하며 맞이하는 그리스도인을 경험한 적이 있습니까?

Tip 각자의 사례를 나눠 봅시다.

"지인 가운데 90세 넘은 할머니가 기력이 쇠해지면서 죽음이 다가오자 매일 자리에 누워 찬송을 들으면서 손으로 어깨춤을 추듯 하나님을 만날 날을 기다리다가 부르심을 받았다. 가족들이 그 모습

을 영상으로 찍어 장례식에 참석한 사람들에게 보여주었는데, 그 영상을 본 사람들은 천국을 사모하며 하나님을 만나 누릴 영원한 교제를 사모하는 모습에 감동과 큰 깨달음을 얻었다고 한다." 등

그리스도인에게 죽음의 자리는 하나님의 진노와 심판을 만나는 곳이 아닙니다. 하나님과의 영원한 교제를 누리는 천국의 은혜가 기다리고 있는 곳입니다. 이렇듯 성경이 말하는 죽음이해를 담은 천국 신앙의식을 누리면서 오늘을 살아가는 지혜와 실천을 누리기를 바랍니다.

성경 속 주제 듣기

죽음 후 하나님과 만날 때

1. 위의 말씀을 잠시 묵상해 봅시다. 예수님은 죽음을 어떻게 맞이하셨습니까?

하나님의 구원 계획을 알지 못하고 예수님을 십자가 죽음으로 몰아가고 있는 자들에 대해 하나님께 죄 용서와 긍휼을 구하면서 죽음 너머 하나님을 향하고 있습니다. 예수님은 운명 직전에 "다 이루었다"라고 말씀하신 뒤 자신의 영혼을 아버지의 손에 의탁하며 죽음을 맞이하셨습니다. 하나님이 보내신 지상의 소명인 대속제물

죽음 인문학. 워크북

로 구원을 이루시는 일을 감당하시고 하나님께로 다시 돌아가셨습니다.

2. 자신의 죽음 장면을 상상하며 시나리오를 써 봅시다.

대   본

'미래의 죽음을 상상하며 쓰는 시나리오'

때	2100년 봄이 시작되는 어느 날 오후
장소	평생 살던 집 안방
등장인물	배우자, 1남 1녀의 자녀 부부, 손주 3명
배경 및 상황	안방 침실에 누워 30분 후에 숨을 거두게 된다. 자녀들과 손주들은 따뜻한 눈빛으로 임종을 지켜보고 있다. 기운이 없어 짧은 말만 남길 수 있는 상황이다. 자녀들과 손주들이 차례로 손을 잡아줄 때 기쁨과 사랑의 눈빛을 교환하며 작은 소리로 "사랑한다"라고 말한다. 그리고 잠들 듯 평온한 죽음을 맞이한다.
마지막 남기는 말	사랑한다, 하나님이 계시니 다 잘될 거야

정리하며 기도하기

1. 전체 내용을 간략하게 정리한 '정리해 봅시다'의 글을 읽어 봅시다.

2. 나에게 생명을 주신 하나님, 이 세상의 삶을 살게 하신 하나님, 다시 부르실 하나님을 향해 드리고 싶은 기도를 글로 씁니다. 각자가 쓴 기도문을 가지고 기도한 후 마칩니다.

죽음 인문학。워크북

6강. 죽으면 어떻게 될까요?

이 강의 목표

죽음 이후 어떻게 될 것인지에 대한 다양한 입장을 살펴보면서 죽음 이후 부활의 소망을 약속하는 기독교적 죽음이해를 다루려고 합니다.

주요 개념	더 깊은 이해를 위한 참고자료
죽음 이후	《죽음 인문학》, 68-79, 150-152, 168-173, 332-337쪽

마음을 여는 이야기

1. 이 이야기의 메시지가 무엇이라고 생각합니까?

이 이야기는 죽은 사람은 이 세상으로 다시 돌아올 수 없으며, 죽음은 되돌릴 수 없는 것이라는 교훈을 전해주고 있습니다.

2. 사람이 죽으면 그 이후에는 어떻게 될까요? 죽음 이후의 상태에 대해 들었던 이야기를 나누어 봅시다.

Tip 그룹 구성원들이 가진 죽음 이후에 대한 이해를 가볍게 나누고 주제 활동으로 들어갑니다.

"사후세계를 경험한 사람들의 책을 읽은 적이 있는데, 빛으로 둘러싸여 평온하고 긍정적인 경험을 했다고 이야기했다." "때가 되면 저승사자가 데리러 와서 저승에 가서 이승에서의 생활에 따라 판결을 받는다는 이야기가 생각난다." "죽으면 하나님의 품에 안긴다고 했다." 등

죽으면 그 후 어떻게 되는지에 대한 질문은 사람들이 오랜 세월 궁금하게 생각해 온 주제입니다. 본격적으로 이 주제를 다루기 전 공부에 참여하고 있는 그룹 구성원들은 죽음 이후에 대해 어떤 생각을 가지고 있는지, 죽음 이후에 대한 이야기들에는 어떤 것이 있는지를 나누며 마음 열기 활동을 한 뒤 주제 만나기에서 체계적인 내용을 다룹니다.

주제 만나기

죽음, 그 이후

1. 제사에 참여해 본 적이 있습니까? 유교에서는 사람의 죽음 이후를 어떻게 생각하기에 제사를 드리는 것일까요?

각자 직간접적인 제사 경험에 대해 이야기를 나눕니다. 유교에서는 죽음 이후 육체에서 분리된 혼과 백이 기일에 돌아와서 재생된

다고 여기기 때문에 제사 지내는 것을 중요하게 생각합니다.

2. 죽음 이후 윤회나 환생이 있다는 이해가 우리 문화에 어느 정도 퍼져 있다고 생각합니까?

> **TiP** 그룹 구성원들이 경험한 문화에 대해 이야기하면서 불교나 뉴에이지운 동의 윤회, 환생 개념과 이미지가 어느 정도 퍼져 있는지 알아봅시다.

"윤회나 환생 이야기가 남녀노소에게 상당히 많이 퍼져 있는 것 같다. 인기리에 종영되었던 드라마들 가운데 윤회나 환생을 소재로 한 것이 많고, 지금도 매체를 통해 윤회와 환생에 대한 이미지를 계속 생산하고 있다." "아이들도 종종 '이번 생엔 틀렸지만 다음 생에는 그렇게 해 보고 싶어' 같은 이야기를 한다." 등

3. 성도들은 죽음 이후에 부활을 기다리며 잠들어 있습니다. 이 기다림 후에 부활해서 주님을 만나게 된다면 당신은 성도로서 어떤 삶을 살았다고 말하고 싶습니까?

> **TiP** 자신의 죽음 이후에 대해 상상해 보며 이야기를 나눠 봅시다.

"부족하지만 믿음으로 살려고 노력했다고 말씀드리고 싶다." "지금부터 자신 있게 대답할 만한 삶을 살아야겠다고 생각한다." 등

죽음 이후에 예수 그리스도 안에서 새로운 삶이 있으리라는 확신은 반드시 죽어야 하는 인간 모두에게 진정한 위로를 안겨줍니다. 예수님의 부활은 그분의 소유가 된 모든 사람에게 몸의 부활을 약속하고 있습니다.

죽음 이후 부활을 소망하며 오늘을 살아가요!

1. 죽음과 무덤을 바라본 마리아는 어떻게 했습니까? (11, 13절)

눈물을 흘리며 울 수밖에 없었습니다.

- -

2. 죽음에 시선이 고정되어 있던 마리아의 뒤에 누가 서 계셨습니까?
   (14절)

부활하신 예수님이 서 계셨습니다.

- -

3. 칼 바르트는 살아있는 자들, 생명을 가진 자들은 "살라는 명령을 받았
   다"고 말합니다. 그러므로 생명 있는 동안에는 열심히 살다가 죽음이
   라는 소환장을 받으면 미련 없이 아버지께로 돌아가야 합니다. 당신이
   부활의 소망을 품고 오늘 꼭 하고 싶은 일은 무엇입니까?

   Tip 각자의 생각을 자유롭게 나눠 봅시다.

   "오늘 감당해야 할 내 삶의 과제와 의무를 즐겁게 감당하겠다." "모
   든 것을 잠시 멈추고 조용한 기도원이나 한적한 곳에 가서 말씀과
   기도의 시간을 갖고 일상에 복귀하고 싶다." "그동안 망설이고 있
   던 목표에 대한 목적의식을 분명히 갖고 다시 도전해 보겠다." 등

정리하며 기도하기

1. 전체 내용을 간략하게 정리한 '정리해 봅시다'의 글을 읽어 봅시다.

2. 자신의 죽음 이후에 있을 심판과 부활을 잠시 묵상하고 나서 죽음과 부활을 앞둔 이 땅에서의 삶이 어떻게 이루어지기를 원하는지 마음을 담은 기도문을 써 내려갑니다. 각자 쓴 기도문을 가지고 기도한 후 마칩니다.

7강. 죽음 문제를 어떻게 해결할 수 있을까요?

이 강의 목표

죽음 문제를 해결하려는 다양한 입장을 살펴봅니다. 신을 믿지 않는 사람들, 자신이 신이라고 믿는 사람들, 예수 그리스도를 믿는 사람들이 죽음을 해결하기 위해 어떤 구원 방법을 제시하고 있는지를 살펴보면서 기독교적 죽음이해를 보다 체계화합니다.

주요 개념	더 깊은 이해를 위한 참고자료
죽음 문제를 해결하려는 구원의 방법	《죽음 인문학》, 79-82, 93-95, 107-108, 152-154, 173-175, 203-208, 337-346쪽

마음을 여는 이야기

1. 위의 세 사람은 죽음에 대해 서로 다른 입장을 갖고 있습니다. 평소 당신의 모습은 어느 쪽에 가깝습니까?

   Tip 각자 자신의 생각을 돌아가며 이야기합시다.

   "솔직히 말하면 첫 번째 사람과 같은 생각을 갖고 있다. 지금 눈앞에 닥친 삶에 허덕이고 있다 보니 죽음을 진지하게 생각할 겨를이 별로 없지만, 그래도 가끔 생각하곤 했다. 그래서 죽음 공부를 한 번 해보자는 생각으로 참여하고 있다." "두 번째 사람이 가진 생각에 가까운 것 같다. 어차피 모두 죽을 텐데, 내 인생이 의미 있는 것으로 남게 된다면 죽어도 억울하지 않을 것 같다." 등

2. 만약 지금 죽게 된다면 구원받을 수 있다고 확신합니까? 다음 좌표에 내 구원의 확신 점수를 표기하고, 그 점수를 주게 된 이유를 이야기해 봅시다.

> **Tip** 각자 구원의 확신에 대해 어떻게 느끼고 있는지 이야기하도록 인도합니다.

"65점 정도다. 낙제는 아니고 구원받을 수 있을 것 같은데, 강한 확신을 갖고 있지는 않다." "100점으로 표기했다. 왜냐하면 믿음으로 구원받는 거라고 생각하고 있으며, 부족하지만 주님을 믿는 믿음이 내 마음의 중심에 살아있기 때문이다." 등

> 그리스도인들 가운데도 "지금 죽음이 찾아온다면 구원받을 것을 확신합니까?"라고 물으면 주저하는 사람이 있습니다. 이런 머뭇거림은 자신의 행위가 구원받을 만한지 아닌지 고민하기 때문입니다. 이는 믿음으로 얻는 구원의 원리가 체화되어 있지 못하다는 것을 보여줍니다. 여기서는 답을 제시하며 강요하기보다 스스로 있는 그대로의 상태를 점검하도록 해야 합니다. 그리고 주제 만나기 3번 문항에 이르러서는 믿음과 구원에 대해 직면할 수 있도록 해야 합니다.

죽음으로부터 구원받기를 원하는 사람들

1. 신을 믿지 않는 사람들이 죽음을 해결하기 위해 시도하는 방법을 접하면 어떤 생각이 듭니까? 죽음을 해결하기 위한 방법을 여전히 이 세상에서 찾으려고 하는 모습을 보면 어떤 생각이 듭니까?

> **Tip** 그룹 구성원들이 신을 믿지 않는 사람들의 죽음에 대한 구원 방법을 진지하게 살펴보고, 자신의 생각을 이야기하도록 합니다.

"이성을 통한 합리성으로 해결하려는 사람들은 인류에 공헌하고자 하고 자아실현을 하기 위해 노력하며 사는 모습이 나쁘지 않고 긍정적으로 보인다. 그런데 그 자신은 진정한 구원을 못 받는다는 맹점이 있다." "굿을 통해 재수를 회복해서 죽음에 대해 구원받으려는 방법은 일시적으로 마음의 위로를 받을지 몰라도 눈 가리고 아웅 하는 방법인 것 같다. 결국에는 다시 실상을 대면해야 하니까 말이다." 등

2. 깨달음을 통해 죽음으로부터 스스로 구원받을 수 있다고 보는 입장에 대해 어떻게 생각합니까? 이들은 어떤 한계를 드러낼까요?

> **Tip** 자신이 신이라고 믿는 사람들의 죽음에 대한 구원 방법을 논의해 봅시다.

"해탈은 그 경지에 도달하기 위해 끊임없이 노력하게 만들지만 대부분의 사람들은 이르지 못할 거라는 생각이 든다. 일종의 허깨비 같은 목표를 계속 좇는다고 할까." "뉴에이지운동처럼 자신을 신이

라고 생각하면 전능감에 도취될 것 같다. 하지만 신이 아니라는 사실을 실존적으로 직면하게 될 것 같다." 등

3. 성경은 죽음으로부터 구원받는 방법으로 '이신칭의'를 말씀합니다. 이는 당신에게 어떤 마음을 불러일으킵니까? 그리고 현재의 삶을 어떤 각도로 비추어 줍니까?

> **Tip** 이신칭의를 자신의 말과 자신이 느끼는 의미로 정리해 보고 현재의 삶에 적용해 봅시다.

"인간이 자기수양이나 자신의 내재된 힘으로 구원받을 수 없다는 입장은 실존적인 인간이 고백하는 것과 상통하는 것 같다. 자신의 부족함에 직면하게 된 인간 실존에게 그리스도를 통해 믿음으로 구원받는다는 소식은 그 자체가 복음이라고 생각한다. 복음이 주는 구원의 기쁨을 생각하며 현재의 삶을 활기 넘치고 즐겁게 살아가야겠다는 생각이 절로 든다." "지금 생각해 보면 믿음을 가진 지 얼마 되지 않았을 때는 이신칭의의 뜻을 잘 몰랐던 것 같다. 그런데 지금은 믿음으로 의롭다고 여김을 받는다는 것이 나에게 있어 구원의 소식이라고 고백하게 된다. 이런 고백을 생각하며 현재의 삶을 잘살아야겠다고 생각한다." 등

사람들은 누구나 직면하는 죽음 문제를 해결하기 위해 갖가지 시도를 감행하며 살아갑니다. 많은 종교가 죽음 문제 해결을 위한 답으로 구원의 방법을 제시하고 있습니다. 신을 믿지 않는 사람들, 자신을 신이라고 믿는 사람들, 예수 그리스도를 믿는 사람들이 각각 주장하는 죽음 문제에 대한 구원의 방법이 무엇인지 구별하여 이해하고 있어야 합니다. 이 과정을 거치면서 기독교적인 구원 방법인 이신칭의를 통해 기독교적 죽음이해를 보다 실존적으로 정립하도록 해야 합니다.

성경 속 주제 듣기

죽음을 해결하는 방법: 십자가와 부활

1. 성경에는 예수 그리스도의 십자가와 부활을 전하는 제자들의 열정과 선포가 가득합니다. 당신은 십자가와 부활에 대해 누구에게 전해 들었습니까? 그리고 이것을 다른 사람에게 전한 경험이 있습니까? (3절)

   Tip 각자 누구에게 십자가와 부활에 대해 처음 들었는지, 다른 사람에게 전한 경험이 있는지 돌아가며 이야기합시다.

2. '나의 죄' '예수 그리스도의 십자가 죽음' '죽음으로부터 나의 구원'이라는 세 구절이 들어간 나의 신앙고백을 써 봅시다. (3-4, 20절)

   Tip 각자가 작성한 신앙고백을 돌아가며 나눠 봅시다.

   "예수 그리스도께서 우리의 죄를 위해 십자가에서 죽으시고 사흘 만에 다시 살아나신 일은 우리에게 주체하기 힘든 커다란 사랑으

로 다가온다. 마음을 열고 진심으로 그 사랑을 받아들이는 믿음이 있다면 우리는 구원받을 수 있다." 등

3. 우리는 '죽음'을 생각해야 합니다. 동시에 '주님'을 생각해야 합니다. 이것이 ○○을 이기는 비결입니다. 여기서 ○○에 들어갈 단어는 무엇일까요?

죽음

인간은 죄로 말미암아 죽을 수밖에 없는 운명에 놓인 존재입니다. 그러나 누구든지 예수 그리스도의 십자가를 통한 대속을 믿는 자는 하나님이 의롭다고 칭하시면서 예수 그리스도를 통해 보여주신 죽음을 이기고 부활하신 그 부활을 약속하고 계십니다. 따라서 우리는 죽음을 생각하는 동시에 주님을 생각함으로써 죽음을 이길 수 있습니다.

정리하며 기도하기

1. 전체 내용을 간략하게 정리한 '정리해 봅시다'의 글을 읽어 봅시다.
2. 주님의 십자가 앞에서 우리 죄의 크기와 우리가 받은 구원의 사랑 크기를 고백하는 기도문을 작성합니다. 조용한 음악이 흐르는 가운데 기도하는 시간을 가집니다.

8강. '내가 죽어야 한다는 것'이 무슨 의미일까요?

이 강의 목표

기독교의 자기부정은 하나님과의 관계를 막아선 자신을 내려놓고 하나님을 인정하고 그 뜻을 따름으로써 진정한 내가 되라는 것임을 깨닫게 합니다. 이를 통해 기독교적 삶에 있어 자아의 문제를 다루며 체크해 갑니다.

주요 개념	더 깊은 이해를 위한 참고자료
자아의 죽음 문제	《죽음 인문학》, 369-373쪽

마음을 여는 이야기

1. 이 이야기에 나오는 두 사람의 살아가는 모습은 어떤 차이가 있습니까?

한 사람은 끊임없이 자신의 십자가가 무겁다고 호소하며 십자가의 크기가 줄어드는 것에 만족했고, 또 다른 사람은 무거움에도 자기 십자가를 지고 계속 인생길을 걸어갔습니다. 인생길에서 큰 강을 만났을 때 작은 십자가만 구하던 사람은 강을 건널 수 없었지만 커다란 자기 십자가를 지고 가던 사람은 그 십자가로 말미암아 강을 건널 수 있었습니다.

2. 이 이야기의 교훈이 무엇이라고 생각합니까?

자신의 십자가를 감내하면서 인생길을 가는 사람은 그것으로 말
미암아 능력을 얻게 되어 다음 길에 놓인 장애물을 넉넉히 감당할
만한 힘을 갖게 된다는 교훈을 줍니다.

이 십자가 이야기는 우리 삶의 모습을 비추어 보고 성찰하게 해줍니다. 우리의 기
도와 삶에 대한 태도가 자기 십자가를 부인하려는 모습이 강한지, 아니면 자기 십
자가를 받아들이고 자신의 삶으로 감당하려고 하는지 살펴보면서 주제 만나기로
들어갑니다.

주제 만나기

'자신이 죽어야 한다'는 의미

1. 신앙인의 자아를 긍정하는 것은 인격적 관계와 윤리적 삶에 어떤 의
   미를 부여할까요?

선악과 이야기를 통해 인간은 하나님 앞에서 자율성을 가진 존재
라는 것을 알 수 있습니다. 그러나 무한한 자율성을 가진 것이 아
니라는 사실 또한 알 수 있습니다. 그리스도인들은 하나님 앞에서

세상을 향하여 자아를 긍정함으로써 인격적 관계를 맺을 수 있고, 윤리적인 면에서 책임감 있는 삶을 살아갈 수 있습니다. 그러나 때로는 죄를 향하려는 자아를 부정하면서 하나님 앞에 응답해야 하는 존재이기도 합니다.

2. 앞선 설명을 삶에 적용해 볼까요? '자기를 부인하고 자기 십자가를 지고 살아가는 삶'의 실례를 찾아보고 이야기해 봅시다.

> Tip 가족에 대한 부양의 의무와 책임감에 희생하고 인내하며 자기 십자가를 지고 살아가는 이야기, 날마다 내려놓고 싶고 부인하고 싶은 십자가를 다시 믿음 안에서 끌어안고 나아가는 이야기 등 죄성에 대해 날마다 죽으면서 다시 살아가는 경험의 실례를 찾아보고 나눠 봅시다.

그리스도인들은 예수 그리스도를 통해 죄와 죽음으로부터 자유를 얻었습니다(갈 5:1). 그리스도인은 자유인이지만 그 자유를 가지고 십자가 앞에서 자기를 부인하고 성령을 따라 행해야 합니다. 이렇듯 그리스도인은 자아를 긍정하는 참된 자유인인 동시에 사랑으로 종노릇 하는 자라고 할 수 있습니다.

죽음 인문학。 워크북

자기 사명과 비전으로 살아가기!

1. 그리스도인은 그리스도와 무관하게 자신의 야망을 추구하며 사는 사람이 아닙니다. 성경은 무엇이라고 말씀합니까? (23절)

   예수 그리스도를 따르는 자는 자기를 부인하고 날마다 자기 십자가를 지고 따르라고 말씀합니다.

2. 성경은 사람을 향한 죽음과 구원의 원리가 무엇이라고 말씀합니까? (24절)

   누구든지 제 목숨을 구원하고자 하는 자는 잃게 되고, 예수님을 위해 제 목숨을 잃는 자는 구원받을 것이라고 말씀합니다.

3. 자신이 되고 싶은 내가 되기보다 하나님이 만들고 싶어 하시는 내가 되는 것이 훨씬 더 아름답고 위대합니다. 그리스도인의 성공적 삶은 하나님 안에서 자기 사명과 비전을 찾는 것입니다. 내가 발견한 사명과 비전은 어떤 것인가요?

   > Tip 각자 자신이 하나님 안에서 발견한 사명과 비전을 돌아가며 이야기해 봅시다.

정리하며 기도하기

1. 전체 내용을 간략하게 정리한 '정리해 봅시다'의 글을 읽어 봅시다.

2. 하나님이 우리에게 주신 인생과 그 인생에서 짊어지고 살아가야 하는 십자가를 어떻게 감당하며 주님을 따르는 사람이 되어야 할지 묵상한 뒤 글로 써 봅시다. 조용한 음악이 흐르는 가운데 기도하는 시간을 가집니다.

죽음 인문학。 워크북

9강. 부활할 때 우리는 어떤 모습일까요?

이 강의 목표

성경에서 말씀하고 있는 부활의 모습을 공부해 보려고 합니다. 죽음은 육체에서 영혼이 해방되고, 그 영혼이 불멸하는 것이라는 잘못된 가르침이 그리스도인들 사이에 퍼져 있습니다. 이런 오류를 짚어 보며 몸과 영혼이 전체적으로 부활의 몸을 입고 영생하게 된다는 것을 다루려고 합니다.

주요 개념	더 깊은 이해를 위한 참고자료
부활의 모습 이해하기	《죽음 인문학》, 301-306쪽

마음을 여는 이야기

1. 역사의 종말이 닥쳐 주님이 재림하셨다고 상상해 봅시다. 부활해서 주님을 만났을 때 나는 어떤 모습일까요? 아래 공간에 자신이 상상한 모습을 그려 봅시다.

> **Tip** 이때 자신이 어떤 모습으로 재림하신 주님을 만나게 될 거라고 생각하는지를 이야기를 나눠 봅시다.

구름 위에서 지금 내 모습 그대로 주님을 만나고 있는 그림, 하늘

성전에서 빛의 광채가 나는 모습으로 주님과 마주한 모습 등
----

2. 자신이 그린 그림을 다른 사람에게 보여주며 부활한 모습에 대해 이야기해 봅시다. 어떤 공통점과 차이점이 있습니까?

> **Tip** 주님과 자신의 모습, 배경이 되는 상황 등에 대해 어떤 공통점과 차이점이 있는지 찾아봅시다. 이 과정을 통해 그룹 구성원들이 죽음 이후의 상태에 대해 어떤 이미지와 이해를 가지고 있는지 살펴봅시다.

그룹 구성원들이 부활에 대해 어떤 이미지를 갖고 있는지, 얼마나 구체적으로 생각하고 있는지를 확인해 봅시다. 주님이 재림하셨을 때 부활의 모습이 어떠할 거리고 생각하는지 점검해 보도록 합시다. 부활에 대한 이미지가 구체적일수록 오늘을 살아갈 때 부활신앙이 우리 삶에 강한 영향력을 발휘할 수 있다는 것을 짚어주면서 주제 만나기로 들어갑시다.

주제 만나기

죽음 이후 부활할 때 우리는 어떤 모습일까요?

1. 그리스도인들 사이에 육신의 몸은 악하고 영혼은 선하다는 생각을 가진 사람이 있습니까? 사례를 들어 이야기해 봅시다.

> **Tip** 영혼을 인간의 본질적 요소로 여기고 몸과 따로 떼어 일차적인 요소로 생각하는 이원론적인 태도를 살펴봅시다. 이런 태도가 부활의 상태에도 영향을 준다는 사실을 다루도록 합시다.

죽음 인문학。 워크북

"예배시간에 대표기도를 할 때 영혼을 붙들어 달라고 하거나 영혼을 구원해 달라고 하는 등 영혼을 인간의 본질과 따로 떼어 생각하며 우선시하는 사람이 있다.""몸을 위한 생활을 부차적인 것으로 여기는 분위기라 말하기 어려울 때가 있다." 등

2. 부활하신 예수의 모습을 보여주는 성경 구절을 한 가지씩 찾아봅시다. 자신이 찾은 말씀을 서로 나눠 봅시다.

> **Tip** 성경에서 부활하신 예수의 모습을 찾아보며 부활의 몸에 대해 보다 구체적으로 생각해 봅시다.

"예수께서 그들을 만나 이르시되 평안하냐 하시거늘 여자들이 나아가 그 발을 붙잡고 경배하니"(마 28:9). "예수께서 가까이 이르러 그들과 동행하시나 그들의 눈이 가리어져서 그인 줄 알아보지 못하거늘 … 그들과 함께 음식 잡수실 때에 떡을 가지사 축사하시고 떼어 그들에게 주시니 그들의 눈이 밝아져 그인 줄 알아보더니"(눅 24:15-16, 30-31). "내 손과 발을 보고 나인 줄 알라 또 나를 만져 보라 영은 살과 뼈가 없으되 너희 보는 바와 같이 나는 있느니라"(눅 24:39). 등

3. 성경에서 말하는 겉사람과 속사람은 어떤 관계를 이루고 있습니까? 이 부분을 바르게 이해하는 것이 자신과 삶에 대해 어떤 태도를 갖게 합니까?

성경은 몸과 영혼, 다시 말하면 겉사람과 속사람을 구별합니다. 그

러나 한쪽은 선천적으로 선하고 다른 쪽은 선천적으로 악하다거나 대적관계로 설명하고 있지 않습니다. 몸과 영혼이 함께 있음으로써 온전한 인간을 이루고, 하나님은 둘 다 지으셨다고 말씀합니다. 우리는 온전한 삶을 위해 우리의 몸과 영혼, 즉 겉사람과 속사람이 모두 건강해야 합니다.

성경 말씀에 근거해 몸의 부활을 다음과 같이 고백할 수 있습니다. 영혼은 몸에 속해 있으며, 몸은 본래 선한 것이지만 악에 의해 부패되었기에 구원받아야 합니다. 죽음은 죄의 결과로 모든 인간은 심판을 받게 될 것이고, 그 결과에 따라 불멸의 생명을 얻게 될 것입니다. 부활할 때는 예수님이 부활하실 때의 몸처럼 구체적인 신령한 부활의 몸을 가지게 될 것입니다. 이런 부활의 몸에 대한 이해를 갖고 자신의 전체적인 모습으로 신앙적인 응답을 하며 살아가도록 해야 합니다.`

성경 속 주제 듣기

성경이 들려주는 부활의 몸: 부활할 성도의 모습

1. 성경 말씀은 육의 몸과 영의 몸을 어떻게 대조합니까? (42-44절)

	육의 몸	영의 몸
42절	썩음	**썩지 않음**

죽음 인문학。 워크북

43절	욕됨	영광스러움
43절	약함	강하고 신령한 몸

2. 우리가 부활할 때 '영혼만'으로 주님을 만나는 것이 아니라 '부활의 몸'
이 있음을 어떻게 증언하고 있습니까? (44, 53절)

신령한 몸으로 다시 살아남(44절), 이 썩을 것이 썩지 아니할 것을
입겠고 이 죽을 것이 죽지 아니함을 입음(53절)

고린도전서를 보면 썩고 부패하여 죽을 수밖에 없는 몸은 육체의 죽음으로 완전
히 폐기되어 끝나는 것이 아니라 구원받아 부활하게 되리라고 말씀합니다. 사도
바울은 고린도전서 15장에서 다음과 같이 말합니다. 첫째, 씨를 심으면 씨가 땅속
에서 죽지만 거기서 생명이 나오는 것처럼 죽을 수밖에 없는 몸이지만 죽음 후에
다시 살게 됩니다(36절). 둘째, 장소와 상황에 따라 다른 육체가 있듯이 천국에 합당
한 육체가 있습니다(39절). 셋째, 해와 달과 별을 예로 들면서 부활의 모습은 이 땅
의 모습보다 더 영광스러운 모습이라고 말합니다(41절).

정리하며 기도하기

1. 전체 내용을 간략하게 정리한 '정리해 봅시다'의 글을 읽어 봅시다.

2. 부활의 모습에 대한 이해를 바탕으로 부활의 소망을 품고 오늘을 어떻게 살아가기를 원하는지 글로 써 봅시다. 각자 쓴 기도문을 가지고 기도한 뒤 마칩니다.

10강. 가족들과 작별인사를 나누고 싶어요!

이 강의 목표

가족들로부터 분리된 채 전문기관, 전문의의 손에 죽음을 맡기는 현실에 대해
성찰하면서 자연스러운 죽음이 죽음 교육과 죽음 대비에 유익하고 죽는 사람
을 위한 선물임을 다루려고 합니다.

주요 개념	더 깊은 이해를 위한 참고자료
죽음의 공론화	–

마음을 여는 이야기

1. 주변에서 누군가 돌아가셨다는 소식을 듣게 되는데 그들은 주로 어디
   에서 돌아가셨습니까? 병원, 요양원, 집 등 그 장소는 대략 어느 정도
   비율을 차지하고 있습니까?

   > **Tip** 그룹 구성원들이 자신이 경험한 죽음의 장소를 돌아가며 이야기하도록
   > 합니다. 이야기를 나누다 보면 집보다는 병원, 요양원 등 전문기관에서
   > 죽음을 맞은 경우가 다수를 차지한다는 것을 알 수 있습니다. 이를 통
   > 해 이것이 자연스럽지 않다는 것을 느끼도록 합니다.

2. 인생의 마지막 지점에 이르렀을 때 어떤 장소에서 죽음을 맞이하고
싶습니까? 그리고 그때 누가 곁에 있기를 원합니까?

> Tip 자신에게 가장 편안하고 지나온 삶과 기억을 고스란히 간직하고 있는
> 집에서 죽음을 자연스럽게 맞이하고 싶다는 생각이 많을 것입니다. 죽음
> 을 맞고 싶은 장소로 집을 꼽는다면 왜 그런지를 이야기를 나눠 봅시다.
> 임종할 때 함께 있기를 원하는 사람이 누구인지에 대해서도 나눠 봅시
> 다. 가족들에 대한 이야기가 많을 것입니다. 여기서는 '누가'에 집중해
> 이야기를 나눠 봅시다.

마음을 여는 이야기의 두 가지 질문에 답하면서 모순된 생각과 만나게 될 것입니
다. 요즘 임종을 앞둔 사람의 가족들은 전문기관이나 전문인의 손에 죽음 문제를
맡기면서 자신은 집에서 가족과 함께 죽음을 맞이하고 싶다는 대조적인 소망을
가지고 있습니다. 이런 점들을 생각하면서 주제 만나기로 넘어갑니다.

주제 만나기

삶의 여정을 마무리하는 죽음: 자연스럽게, 친숙하게

1. 자신이 원하는 죽음에 대해 생각해 봅시다. 가족들에게 자신의 죽음
에 대해 어떤 이야기를 들려주고 싶습니까?

> Tip 각자 어떤 식으로 죽음을 맞기 원하고, 그것이 어떤 의미를 가졌는지에

죽음 인문학。워크북

대해 이야기를 나누면서 자신의 죽음에 대비하는 시간을 가져 봅니다.

"앞서 이야기한 법의학 교수처럼 삼베옷보다는 내가 좋아하는 옷을 입혀 달라고 말하고 싶다. 그리고 꼭 기독교식 장례 예배로 떠나보내 달라고 얘기하고 싶다." "가족들이 편한 대로 장례를 치르라고 말하고 싶다. 그리고 장례비용은 내가 미리 마련해 전해주려고 한다. 내 죽음을 애도하기 위해 온 사람들에게 조의금을 받지 말고, 가족을 비롯한 지인들과 마음 담긴 이별의 시간을 가질 수 있게 부탁하고 싶다." 등

2. 죽음을 앞두고 있다고 가정했을 때 누구에게 어떤 작별인사를 전하고 싶습니까?

> **Tip** 가족이나 가까운 지인에게 남기고 싶은 말을 써 보며 죽음의 상황을 가정하고 관계와 삶을 정리해 봅시다.

"아내에게 '당신을 생각하는 것만으로도 눈물이 날 만큼 고맙고 사랑해'라고 인사하고 싶다." "아들에게 '나에게 미안해하지 마라. 나는 많은 사랑을 받고 하나님의 품으로 간다. 믿음으로 네 인생을 완주하거라'고 인사하고 싶다." "딸에게 '더 오래 함께 있어 주지 못해 미안하구나. 언제나 너를 사랑한다'라고 말하고 싶다." 등

3. 삶의 마지막 순간에 대해 보다 친밀해지고, 죽음에 대비한 삶을 살고자 마음먹게 된 죽음을 경험한 적이 있습니까?

> **Tip** 가까이서 경험한 죽음과 죽음을 통해 죽음에 대비하는 삶을 다짐하게 된 경험을 나눠 봅시다.

"어머니의 죽음이 임박했을 때 목사님을 모시고 임종 예배를 드렸다. 예배 후 찬송을 부르던 중에 어머니가 돌아가셨다. 평소 좋아하던 찬송을 들으며 평안히 눈을 감으시는 모습을 지켜보았다. '죽음이 이토록 가까이 있구나'라는 생각이 들고 장차 나에게 다가올 죽음을 생각하며 잘살아야겠다는 마음을 가졌다." "갑작스럽게 친구를 사고로 떠나 보낸 적이 있다. 그 소식을 처음 접했을 때 충격이 커서 많이 힘들었다. 그런데 장례를 치른 뒤 다른 친구들과 죽음, 삶에 대한 얘기를 나누며 각자의 자리에서 삶을 잘 감당해 나가자고 말했다." 등

가족들에게 자신의 죽음과 관련해 하고 싶은 말을 미리 이야기해 둡니다. 앞으로 일어날 가장 확실한 일인 죽음에 대해 평소 가족, 지인들과 대화하며 죽음에 대비하고 자연스럽게 죽음 교육이 이루지도록 하는 것이 중요합니다. 이렇듯 죽음을 공론화할 때 삶의 마지막 순간에 대한 친밀감이 쌓이고, 살아가야 할 시간과 관계를 맺고 사는 사람들을 소중히 여기게 됩니다.

죽음 인문학。 워크북

죽는 이를 위한 선물, 남은 자들을 위한 축복!

1. 야곱은 임종을 앞두고 누구를 불러 함께했습니까? (1절)

   아들들
   - - - - - -

2. 죽음을 앞둔 야곱은 아들 한 명 한 명에게 무엇을 했습니까? (28절)

   각 사람의 분량대로 축복함
   -

3. 야곱은 자신의 장례를 어떻게 치르기를 원하는지 자녀들에게 유언을
   남깁니다. 야곱은 어떻게 하라고 말했습니까? (29절)

   헷 사람 에브론의 밭에 있는 굴에 선조와 함께 장사하라고 말했습
   -
   니다.
   - - - - - -

> 야곱은 노년에 총리가 된 요셉을 다시 만나게 되었을 때 바로 왕 앞에서 "내 나그
> 네 길의 세월이 백삼십 년이니이다 … 험악한 세월을 보내었나이다"(창 47:9)라고
> 말했습니다. 나그네로 험악한 세월을 보낸 야곱이지만 그는 죽음이 임박했을 때
> 아들들에게 둘러싸여 자녀들에게 각 사람의 분량대로 축복한 후 하나님께로 돌아
> 갔습니다.

정리하며 기도하기

1. 전체 내용을 간략하게 정리한 '정리해 봅시다'의 글을 읽어 봅시다.

2. 자신이 원하는 죽음에 대해, 자신의 죽음이 가족과 지인들에게 어떻게 전해지고 기억되기를 원하는지 그 소원하는 바를 글로 써 봅시다. 각자 쓴 기도문을 가지고 기도한 뒤 마칩니다.

죽음 인문학。워크북

11강. 천국은 어떤 곳일까요?

이 강의 목표

천국 이해에 대한 다양한 입장을 살펴보면서 천국에 대한 소망을 품고 천국을
목표로 삼고 살아가야 합니다.

주요 개념	더 깊은 이해를 위한 참고자료
천국을 고대하기	《죽음 인문학》, 176-208, 218-225, 279-286, 379-383쪽

마음을 여는 이야기

1. 다음은 천국 신앙에 대한 체크리스트입니다. 자신이 어디에 속하는지
   체크해 봅시다.

> **Tip** 제시된 문장을 읽고 각자 '매우 그렇다, 그렇다, 보통이다, 그렇지 않
> 다, 매우 그렇지 않다' 항목 가운데 적절한 곳에 표시합니다. 그리고
> 나서 자신이 체크한 항목에 대해 이야기를 나눕니다.

2. 천국이 어떤 곳이라고 생각합니까? '천국에 있는 것'과 '천국에 없는
   것'을 써 보고 서로 이야기를 나누어 봅시다.

천국에 있는 것: 하나님, 예수님, 성령님, 삼위일체 하나님과의 교
제, 금으로 포장된 길, 생명나무, 생명수 강, 웃음, 평화 등
천국에 없는 것: 형벌, 고통, 아픔, 시기, 질투, 미움, 분노 등

자신이 생각하는 천국, 자신이 품고 있는 천국 신앙과 현재 삶과의 상관성, 천국
신앙의 전파에 대한 열의 등 항목에 정도를 체크하면서 내 천국 신앙의 현주소를
점검하도록 합니다. 그리고 '천국에 있는 것'과 '천국에 없는 것'을 써 보면서 천국
에 대한 보다 구체적인 이미지를 확인하고 나면 주제 만나기를 진행합니다.

주제 만나기

천국에 대한 입장: 뉴에이지운동과 이슬람교, 기독교

1. 심판 없는 천국을 가르치고 무조건적으로 용서하는 빛의 존재를 받아
   들이는 경우 이 세상의 삶에 어떤 영향을 미치게 될까요?

   빛의 존재가 모든 악행에 대해 무조건적으로 용서를 베푼다는 것

죽음 인문학. 워크북

은 사람들에게 있어 자기책임이라는 윤리의 근본을 무너지게 합니다.

2. 코란에서 묘사하고 있는 천국이 어떤 곳이라는 생각이 듭니까?

천국을 감각적이고 육체적인 것으로 묘사하고 있습니다. 이슬람교의 천국은 현세적인 최상의 환경이 완비되어 있는 곳으로 그려집니다. 지옥에도 은총이 있고, 천국에서도 계속 발전 의지를 발휘하며 살아가야 한다고 말합니다. 이렇듯 이슬람교에서는 천국이 현세의 연장으로 최상의 환경이 마련된 곳이라고 생각합니다.

3. 천국에 대한 목표가 분명할수록 삶에 어떤 특징이 나타날까요?

천국을 목표로 삼는 사람들은 역사상 이 세상에 변혁을 일으키는 삶을 살았습니다. 사도와 위인, 노예제도를 폐지한 영국의 복음주의자 등은 천국을 목표로 삼고 이 세상에서 변혁이 일어나도록 했습니다.

'천국에 너무 몰두하면 이 땅에서 너무 이상한 사람이 되지 않을까'라고 걱정하는 사람들이 있습니다. 그러나 실상은 그 반대입니다. 이 땅의 생각에 몰두한 사람들은 하늘에서도 땅에서도 유익한 사람이 되기 어렵습니다. C.S. 루이스는 이에 대해 "이생에서 그리스도인들이 능력을 발휘하지 못하게 된 것은 그들 대부분이 내세에 대해 생각하기를 중단했기 때문이다"라고 말했습니다.

천국에 대한 소망을 품고 오늘을 살아가요!

1. 천국에서 하나님과 성도들은 어떤 관계를 이루고, 어떤 교제를 누리게 됩니까? (3절)

하나님과 사람들은 함께 있으며 서로 교제하며 지냅니다. 하나님이 모든 눈물을 그 눈에서 닦아주십니다.

2. 천국에는 이 세상이 있는 어떤 것들이 존재하지 않는데, 왜 그렇습니까? (4-5절)

천국에는 사망이 없고 애통하는 것이나 곡하는 것, 아픈 것이 존재하지 않습니다. 그리고 보좌에 앉으신 예수님이 만물을 새롭게 하십니다.

현대인들은 천국과 지옥에 대한 이야기를 들으면 실제적이 아니라 상징적이고 영적인 의미로 축소하려고 합니다. 요즘 교회에서조차 천국과 지옥에 대한 이야기를 듣기가 어렵습니다. 이렇게 천국과 지옥을 말하지 않음으로써 복음의 능력과 감격을 느낄 기회를 박탈당하고 있습니다.

정리하며 기도하기

1. 전체 내용을 간략하게 정리한 '정리해 봅시다'의 글을 읽어 봅시다.

2. 천국을 소망하는 기도를 드리고, 천국을 목표로 어떻게 오늘을 살아가기 원하는지 글로 써 봅시다. 각자 쓴 기도문을 가지고 기도한 뒤 마칩니다.

12강. 죽음에 대해 공부한 우리는 어떻게 살아가야 할까요?

이 강의 목표

죽음을 인식하며 하나님으로부터 받은 생명과 시간을 갖고 어떻게 살아가야

하는지에 대한 지혜를 만나고자 합니다.

주요 개념	더 깊은 이해를 위한 참고자료
생명과 시간을 살아가는 지혜	《죽음 인문학》, 397-410쪽

마음을 여는 이야기

1. 당신은 삶이 앞으로 얼마나 지속되기를 원하나요?

   Tip 30년, 20년, 10년 등 각자 삶을 누리고 싶은 시간에 대해 돌아가며 이야

   기를 나눠 봅시다.

2. 앞서 언급한 이야기에서 어떤 교훈을 얻게 되었나요?

   Tip 앞서 언급한 삶의 이야기에 비춰 자신의 삶을 돌아보면서 어떤 교훈을 얻

   었는지 서로 이야기합니다.

   "죽음을 의식하는 동시에 부여된 시간을 충만하게 살아야 한다는

   것을 느꼈다. 좀 더 분발하여 자신의 삶을 충실히 살아야겠다는 생

   각이 들었다." "열심히 살아서 어느 정도 이루었는데, 갑작스럽게

파킨슨병이라니! 살아온 삶을 생각하면 억울하기도 하고 원망스
럽기도 했을 것 같다. 이런 상황에서도 일상과 의미 있는 일을 재
미있게 해나가는 모습이 정말 감동적이다." 등

사실 조금만 주의를 기울여 보면 이 세상에서 죽음도 충만한 것을 볼 수 있습니다.
전 세계적으로 매일 수많은 아이가 태어나고, 수많은 사람이 죽음을 맞이하고 있
습니다. 이렇듯 생명의 시작과 생명의 끝인 죽음 사이에서 살아가는 존재가 우리
입니다. 죽음을 의식하기에 삶에 대한 교훈을 더 뚜렷하게 만나고 살아갈 수 있습
니다. 이런 점들을 생각하며 주제 만나기를 진행합니다.

주제 만나기

죽음에 대해 공부한 우리는 어떻게 살아가야 할까요?

1. 앞에서 언급한 삶에 대한 네 가지 태도 중 당신이 '가장 잘하고 있는
   것'과 '가장 부족한 것'은 무엇인가요?

   Tip 제시된 네 가지 생명에 대한 명령에 비추어 지금 자기 삶의 모습을 살펴
   보면서 이야기를 나눠 봅시다.

   "가장 잘하고 있다고 생각하는 것은 생명에 대한 존경심을 가지고
   생명을 누리고 있음을 기뻐하는 것이다. 살아있음이 감사하고 기
   쁘고 다른 생명이 사랑스럽다. 가장 부족한 것은 하나님이 주신 생

명을 목적과 방향을 갖고 살아가야 하는데, 이 나이가 먹도록 사명과 비전 앞에서는 뚜렷한 대답을 내놓지 못해 부족함을 느낀다."

"세 번째 태도를 늘 의식하며 열심히 살고 있다. 가장 부족한 것은 매일 바쁘게 돌아가다 보니 네 번째 태도가 가장 부족한 것 같다. 쉬고 싶은데도 쉬지 못하고 지나갈 때가 많다. 주일에도 가끔 일할 때가 있어서 그 부분도 좀 그렇다." 등

2. 죽음을 공부하기 전 '시간'에 대해 어떤 태도를 가졌는지 생각해 봅시다. 그것은 지금 죽음 공부를 한 후 시간에 대해 갖게 된 태도와 어떤 차이가 있나요?

> **Tip** 서로의 의견을 자유롭게 나누도록 도와줍니다.

"죽음 공부를 통해 시간에 대한 의식화가 이루어진 것 같다. 그냥 흘러가는 시간이 아니라 소중하고 값진 재산인 것 같다." "그동안 은근히 나 자신이 시간의 주인으로 살 때가 많았던 것 같다. 이런 공부를 통해 하나님이 주신 시간, 사명을 살아야 할 할당된 시간, 시작과 끝이 있는 시간이라는 생각을 마음 중심에 새기게 되었다." 등

3. 지금 '어디서 와서, 무엇을 하다가, 어디로 가는' 삶을 살아가고 있습니까? 지금 이 자리에서 말할 수 있는 대답을 써 봅시다.

> **Tip** 죽음에 대한 공부를 마무리하며 인생의 시작과 과정과 끝을 말하며 정리해 나갑니다.

"하나님으로부터 와서, 무엇을 하다 갈 것인지 좀 더 생각해 봐야

죽음 인문학。 워크북

겠는데…. 지금 하는 일들은 하나님이 주신 것으로 잘 감당하다가 하나님께로 돌아가고 싶다." "하나님이 생명을 주셔서 이 세상에 왔고, 나에게 주신 인간관계와 일을 통해 하나님의 사랑을 나누고 전하다가 하나님의 품으로 돌아가는 삶을 살아가고 있다." 등

죽음은 생명이란 인간에게 저절로 생긴 것이 아니라 주어진 것이고, 인생은 더 높은 손길에 의해 다스려지며, 겸손하게 삶을 대면하도록 합니다. 이런 의미에서 죽음은 진정한 나 자신을 만나게 하며 가장 잘살아야 하고, 살고 싶은 삶을 충만하게 붙들도록 안내해 줍니다.

성경 속 주제 듣기

죽음의 때를 의식하며 삶을 충만하게 살아가요!

1. 사람의 생명은 어디서 와서 어디로 갑니까? (3절)

티끌(흙)에서 하나님이 생명을 주셔서 세상에 와서 살아가다가 하나님께로 돌아갑니다.

2. 사람들이 몇 년 살다가 세상을 떠나든지 간에 살아온 세월에 대해 어
   떤 고백을 하곤 합니까? (10절)

   수고와 슬픔을 고백하며 신속하게 날아가는 시간이었다고 말합니다.
   ----

3. 죽음에 대해 생각하며 인생의 한계에 대해 인식하는 것은 사람에게
   어떤 깨달음을 가져다 줍니까? (12절)

   지혜로운 마음

> 우리는 죽음 앞에서 진정한 삶의 지혜를 만날 수 있습니다. 그리고 사회적이고 환
> 경적인 요인으로 과장되거나 위축된 자아가 아니라 진정한 자아를 붙들게 됩니
> 다. 따라서 죽음에 대해 인식하며 오늘을 살아가는 것은 하나님과의 관계 안에서
> 진정한 자아가 참된 삶의 길을 선택하며 충만하게 살도록 견인해 줍니다.

정리하며 기도하기

> 1. 전체 내용을 간략하게 정리한 '정리해 봅시다'의 글을 읽어 봅시다.
> 2. 내 생명과 내가 아는 생명들이 죽음을 통해 배우는 지혜로운 삶을 살아가도록
>   글로 써 봅시다. 각자 쓴 기도문을 가지고 기도한 뒤 마칩니다.

죽음 인문학。 워크북